你就是
THE MOUNTAIN
困住自己的
IS YOU
那座山

布莉安娜・魏斯特 著
BRIANNA WIEST

朱浩一 譯

【譯者朱浩一推薦】

為自己的提問，找到答案——我試著跨越困住自己的山

如果你遇到的難題是保持財務穩定，卻又不斷搞砸自己的每一次努力，那麼就必須要回到自己對於金錢的初始概念。你的父母是如何管理財務的呢？——P19

我想起自己的父親。

我爸是富二代。終其一生，他一直想挽回我們家族失落的榮光。然而，他採取的方式並非按部就班，而是妄想一步登天。從最早玩股票慘賠，到後來成為浮浮沉沉的一名掮客。成長過程中，我常聽他講自己認識某某大老闆，一筆金額從數百萬到幾億的款項「就快要入帳」，我們家即將「過關」，只要再等……

直到我爸嚥下最後一口氣，他都沒等到那筆天文數字匯入他的帳戶。

就讀研究所的前幾年，因為拿過幾次文學獎的關係，不自量力的我深信自己必能「以獎養家」，卻完全沒有留意到自己與父親之間的相像：我們都把所有的籌碼下注在「可能性」之上。理想很豐滿，現實很骨感。家中經濟狀況因我的執著而陷入困境，我們夫妻之間的關係也迅速惡化。透過翻譯並閱讀《謙遜：讓自己從自戀世界的陷阱中解放》（大田出版），我深深認知到了

自己犯下的錯誤，並努力修正。

想要自我療癒的第一步，是承擔起全部的責任。——P24

然而，即便我想承擔責任，可是數年間累積起來的財務問題，實在不是短期內能解決。看著每個月收支勉強打平的家計，我一次次心想：可以嗎？我真的做得到嗎？在「找一份正職工作」與「翻譯跟創作齊頭並行」之間，後者真的是正確的選擇嗎？我有過多年的職場經驗，不但能跟同事、上司和平共處，通常也都能完成公司要求的目標，還是我應該選擇那條平穩的道路？

布莉安娜．魏斯特透過本書向我提出了一個問題：

是什麼，還有誰，值得你為之受苦？

我必須承認，相較於我過去的工作，翻譯與創作，更讓我感受到自己的價值，也讓我看到某種或可稱之為「希望」的光芒，即便我依舊害怕自己選錯了道路。

於是，按照書中的引導，我閉上眼，去見了未來的自己。

那是一種極其特殊的體驗。

他就坐在我的身旁，年紀比我大些，但沒有差到太多。他微笑著，讓我看桌上的一疊書，那些都是我的作品。他說，不安是必然的，因為安逸本來就是幻象，難道我不是熱愛挑戰？「腳踏實地肩負家計的同時，不要放棄勇敢嘗試。我所在的未來，就在不遠的前方等著你。」

睜開眼，我呼出了胸口的恐懼與僵硬，同時不自覺地露出了微笑。

【國際好評推薦】

激勵我們攀登這座名為「自己」的山

「布莉安娜的書，是療癒的美麗展現。她對自我破壞、情緒智商，以及深度轉變的見解非常寶貴。她明白改變始於自身，而她的書是送給人類集體心靈的一份禮物。」——**整體心理學家妮可・勒佩拉醫師**（Nicole LePera）

「我相信，在發揮我們最深層的潛力時，最大的回報不是來自於那些成果，而是來自於我們必須成為什麼樣的人，才能完成那些我們知道自己是真的有能力去做到的事情。在這本文筆優美、令人大開眼界的書中，布莉安娜・魏斯特以強而有力的深刻見解，激勵我們攀登自己這座山，並幫助你為接下來的攀登做好準備。對於那些已經準備好進行內在工作，藉以過上充實、美好和享受生活的人來說，這是一本必讀之書！」——**國際人生教練及營運策略師賽門・亞歷山大・王**（Simon Alexander Ong）

「《你就是困住自己的那座山》是一記警鐘，能在逆境中激發希望。一旦你喚醒了自己內在的英雄，並有意識地選擇新的生命敘事時，你就像是受到了心靈的請求，請求你燒毀那些他人教導你的、關於你的所有規則，最終創造出你深切渴望和理應擁有的生活。布莉安娜提供了實用的神奇工具和抵達靈魂深度的轉變，讓你得以發展攀登自己這座山所需要的勇氣和明晰——最重要的是，記住你努力來到這裡，是為了成為什麼樣的自己。對於那些勇敢而真誠地面對自己內在最深的渴望，並想要找回自己真正力量的探求者來說，這是一本終極指南。」——**國際教練珍娜・布萊克**（Jenna Black）

「布莉安娜・魏斯特是我最喜歡的作家之一。她將足以改變生命的智慧與獨一無二的優秀口才結合起來，激勵讀者重新找回自己的力量，讓生活變得更好。《你就是困住自己的那座山》一定會給很多人帶來幫助。」——**暢銷書《內在力量》**（*Inward*）**作者揚・卜威布洛**（Yung Pueblo）

「來自上天的啟示。書裡的文字深深觸動了我的內心。閱讀過程中，我不得不數度中斷，源於我的雙眼因體悟與確信而滿溢淚水。」——**電視劇女星、主持人、模特兒彤恩・蘇魯埃塔**（Dawn Zulueta）

「布莉安娜・魏斯特所寫的這本傑作，是讓我們瞭解自己為何要自我破壞、我們什麼時候會這麼做，以及如何停止這種自我破壞行為的完美指南。」——**身心健康與人際連結專家、知名內科醫師及腫瘤學家史蒂芬・艾森柏格醫師**（Steven Eisenberg）

目錄 CONTENTS

引言

一如自然界裡的現象，生命裡的每時每刻通常對我們是有益的，即便我們所面臨的似乎是逆境、不適跟變動。

正如森林大火對環境生態來說至關重要——新的種子需要熱能才能發芽，並重新建立起樹林的生長——我們的思想也會經歷週期性的、具有正面意義的瓦解，或也可以說是一種淨化。透過這種淨化，我們得以獲得解放，從而更新對自我的概念。我們都知道，大自然在各種氣候交會的邊緣地帶最為肥沃、廣闊。而當我們到達自己的界限狀態時，我們也會發生轉變。在這些狀態下，我們被迫走出舒適圈，並重整旗鼓。一旦無法仰賴那些用來因應各種情況的心理機制，從而深深地體會到生命中的苦難時，我們會感覺自己跌入了谷底。但實際上，只要我們在最後選擇面對長久以來的問題，那麼覺醒就會發生。情緒的崩潰，通常只是自我突破來臨之前的轉折點，就像恆星在成為超新星之前內爆的那一刻。

就像兩個板塊互相擠壓時，就會形成一座山一樣，你自己的那座山，也會因為共存但又相互衝突的各種需求彼此擠壓而出現。你的山會要求你在意識與無意識之間找到平衡點。無意識知道你想要什麼，但無意識不知道為什麼你還不展開行動。

綜觀歷史，高山一直被用來比喻靈性覺醒、個人成長之旅，當然還有挑戰——那些當你還站在山腳下時，看似無法克服的挑戰。就像自然界中的許多事物一樣，高山提供了一種內在的智慧，讓我們知道如何才能發揮自己的最大潛力。

生而為人，我們的生命目標就是成長。在生命的各個方面，我們都看到了這一種現象。物種會繁殖；DNA會進化，藉此消除某些DNA鏈，並發展出新的DNA鏈；宇宙的邊緣永遠都會向外擴張。無獨有偶，如果我們願意接受自己的問題，並將之視為催化劑，我們內在那感受生命的深度和美麗的能力，就能夠無限地擴展。為了做到這件事，森林需要大火，火山需要內爆，恆星需要塌縮。而人類的改變，往往需要面臨「除了改變之外別無他法」的情況才會發生。

讓一座高山出現在自己的面前，並不意味著你在某種程度上被重重地破壞了。自然界中的一切都是不完美的，而恰是因為這樣的不完美，成長才有了可能。如果萬事萬物都和諧有序，那麼引力，創造出恆星和行星以及我們所知道一切事物的引力，將不復存在。如果沒有碎裂、錯誤和間隙，任何事物都無法成長或變成其他形貌。你並不完美的事實，並不表示你失敗了，而是表示你也是個凡人。更重要的是，這表示你的體內仍然還有更多的潛力。

也許你知道自己眼前的高山是什麼。也許是上癮、體重、人際關係、工作、幹勁或金錢。也許你不知道。也許是一種模糊的焦慮感、自卑感、恐懼感，或是一種似乎滲透到其他一切的、人人都有的不滿情緒。在我們面前的這座高山，往往不是一個難題，而是我們內在的一個問題、一個不穩定的基礎。表面上看起來，這個問題並不明顯。但實際上，它正在改變我們生活裡的幾乎每一個部分。

在通常的情況下，倘若我們遇到的問題是偶爾才會出現時，那麼出現在眼前的這座山，其實是生命所創造出來的現實。而倘若我們遇到的問題存在已久，那麼出現在眼前的這座山，其實是我們自身創造出來的現實。我們經常會認為，面對一座高山，就意味著面對生活的艱辛。但是實際上這座高山之所以會出現，幾乎總是因為我們多年來積累的微小創傷、適應不良和心理因應機制，而上述的這一切，都會隨著時間的推移而趨於複雜化。

你的那座山，是你和你想要的生活之間的障礙。面對它，也是你獲得自由和成長的唯一途徑。你之所以會處於現在的困境，是因為有某一樣東西讓你看見了你的傷口，而你的傷口將讓你看見你的道路，而你的道路將讓你看見你的命運。

瀕臨邊緣之境時——山腳、熱氣、夜晚，你終於被喚醒了——你就處於崩壞的癥結點所在。而倘若你願意著手處理，那麼你將會發現，這正是你等了一輩子的突破點的開端。

你的舊我已經無法繼續維持你想要過的生活了，是時候重新創造、重獲新生了。

你必須將舊的自我釋放到願景之火中，並且願意以你從前未曾嘗試過的方式思考。你必須為失去年輕的自己而哀悼，那個自己讓你走到了這一步，卻不再有能力引領你繼續前行。你必須想像一個未來的自己，並與之合而為一，讓其成為你生命中的英雄，引領你向前邁進。你所面對的任務寂靜、簡單、艱鉅。這是大多數人連試都沒試過的壯舉。你現在必須學會敏捷、有彈性和理解自己。你必須徹底改變，煥然一新。

出現在你面前的這座山，是生命對你的呼喚，是你抵達此時此刻的目的，你人生的道路終於清晰可見了。終有一天，這座山會離你遠去，但在翻越這座山的過程中，你將成為新的自己，而這個新的自己將永遠陪在你身旁。

到頭來，你必須征服的不是那座高山，而是你自己。

Chapter

1

你就是那座山

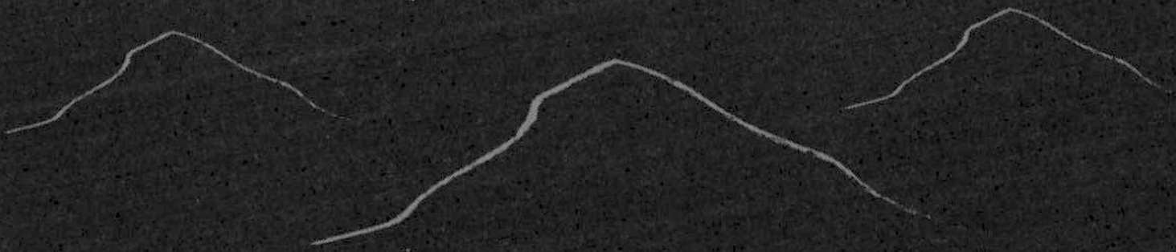

在我們的一生當中，會對你造成最大阻礙的不是別人，而是你自己。

如果在你現在的處境和你想要擁有的生活之間，存在著持續性的差距，而你為了彌合這一差距所做的努力，卻始終遭遇到自身的抗拒、痛苦和不適，那麼就表示你幾乎無時無刻都在進行自我破壞。

從表面上來看，自我破壞一詞似乎會讓人聯想到受虐狂。它似乎是自我憎恨、缺乏自信或缺乏意志力的產物。但事實上，自我破壞只是你無意識需求的一種顯現方式，而這種需求是透過自我破壞的行為來滿足的。若是想要克服它，必須經歷一個深度的心理挖掘過程。我們必須找到那些造成創傷的事件，釋放沒有被處理的情緒，並找出更健康的方式來滿足我們的需求、重塑自我形象，並提升例如情緒智商和彈性等等的各項能力，同時建立一些原則。

這個任務的難度非同小可，卻是我們每個人在人生的某個時刻都必須做的工作。

在一開始的時候，自我破壞行為並非總是那麼顯而易見

孩提之時，心理學家卡爾・榮格在學校摔了一跤，撞到了頭。受傷時，他心想：「太好了，我現在應該不用再回學校了吧。」

儘管如今的榮格因其見解獨到而聞名，但實際上，他並不喜歡上學，也不喜歡與同齡人相處。跌倒事件發生後不久，榮格開始出現零星且無法控制的昏厥。他無意識地患上了所謂的「精神官能症」（未來的他肯定會如此宣稱），並最終意識到所有的精神官能症都是「合理痛苦的替代品」。

在榮格的例子中，他無意識地把昏厥和不用上學連結起來。他相信，昏厥是他無意識地渴望離開課堂的表現，因為他在課堂上會感到不舒服和不開心。同樣地，對許多人來說，他們的恐懼和依戀，往往只是更深層的問題促使他們表現出來的症狀，而他們找不到更好的方法因應這些問題。

自我破壞是一種因應機制

一旦我們拒絕有意識地滿足內心最深處的需求——通常是因為不相信自己有能力處理——自我破壞的行為就會發生。

有時候，儘管害怕獨自一人，我們仍會破壞自己的人際關係，因為我們真正想要做的是找到自己。有時候我們會破壞自己在職場上的成功，因為我們真正想要做的是藝術創作，即便從社會的標準來看，這會讓我們顯得不那麼雄心勃勃。有時候我們會透過精神分析的方法，來看待自身的感受，藉此破壞自己的療癒之旅，因為這麼做的話，就可以確保我們免於真切地經驗那些感受。有時候我們會破壞與自我的對話，因為一旦相信了自己，我們就會隨心所欲地離開內在世界，回到現實世界並承擔風險，而這會使我們變得不堪一擊。

歸根究柢來說，自我破壞常常只是一種源於適應不良的心理因應機制，我們可以藉此滿足自身所需，又無須認真地處理自己的需求。但就像任何心理因應機制一樣，它充其量只是暫時性的應對方法。這種做法並非答案，也非解方，更不能真正地解決問題。我們只是麻木了自己的欲望，讓自己嘗到暫時解脫的滋味。

自我破壞源於不理性的恐懼

有時候我們最具破壞性的那些行為，其實源自對世界和自己長期抱持而未經審視的恐懼。也許是害怕自己不聰明、沒有吸引力或不受歡迎。也許是害怕失業、搭電梯或認真走入一段關係。在其他情況下，這樣的恐懼可能會更抽象，例如有人要「找你麻煩」、侵犯你的底線、你的一些行為要被「逮到了」，或是遭受不實的指控。

隨著時間的推移，這些信念將會隨時伴你左右。對多數人來說，抽象恐懼的背後其實是合理恐懼。因為真切地沉浸在真實的恐懼裡實在太可怕了，於是我們將這些感受投射到那些不太可能發生的問題或情況上。如果這種情況成為現實的可能性極低，那麼它就會變成一樁我們能夠「放心」擔憂的事情，因為在潛意識中，我們已經知道它不會發生。因此，我們從而擁有了一個表達感受的途徑，又不會給自己帶來真正的危害。

舉例來說，如果你非常懼怕搭車，那麼你真正的恐懼可能是失去掌控力，或是擔憂某人或某事正在控制你的生活。又或許你的恐懼其實是「向前走」，而一輛行駛中的汽車只是它的象徵。

如果你能夠意識到真正的問題，就可以開始努力解決，或許是弄明白自己在哪些地方交出了自己的權力，抑或是知道自己為什麼會這麼被動。然而，如果沒有意識到真正的問題，你就會繼續花時間試圖說服自己在搭車時不要那麼緊繃和焦慮，卻發現情況只會變得更糟。

如果你只是試著解決表面上的問題，那麼你總是會碰壁。這是因為你在制定治癒傷口的策略之前，就試圖想撕掉ＯＫ繃。

自我破壞源於無意識的負面聯想

自我破壞的行為也是最早的跡象之一，暴露出你的內在敘事已經過時、受限或根本不正確。

如何定義自己的人生，不僅取決於你對它的看法，也取決於你對自己的看法。所謂的自我概念，是你花了一輩子的時間建構起來的想法。自我概念的建構是透過將周圍的人所灌輸給你的事情拼湊起來，因此深深受到他們的影響：父母所認定的事實、同儕的想法、那些你透過個人的經驗而獲得的、對你來說不言而喻的道理……等等。自我形象很難調整，因為大腦裡的確認偏誤會認定你先前關於自己的想法毫髮不差。

之所以會自我破壞，通常是因為，我們在「實現自己渴望的目標」跟「成為有能力做得到那件事——或已經走在這樣的道路上——的人」之間，存在著負面的連結。

如果你遇到的難題是保持財務穩定，卻又不斷搞砸自己的每一次努力，那麼就必須要回到自己對於金錢的初始概念。你的父母是如何管理財務的呢？更重要的是，在形容那些財務管理得當跟管理不當的人時，他們是怎麼跟你說的呢？許多在經濟上陷入困境的人，都會透過徹底否認金錢的重要性，以此證明自己的處境是合理的。他們會說每一個有錢人都很糟糕。如果在成長過程中，身邊的人一次次地跟你說有錢人都是這副德性，那麼猜猜看，你會拒絕去擁有什麼東西？

你因為自我破壞行為而產生的焦慮，通常反映出的是你受到限制的信念。

也許你將健康與脆弱聯繫在一起，因為你的父母原本非常健康，卻突然生了病。也許你之所以還沒有寫出自己的代表作，是因為你其實並不是真的想要寫；你只是想要別人認為你是「成功人士」，因為這樣會讓你獲得讚揚——人們在還沒有得到希望獲得的認可時，經常會這麼做。也許你一直在吃不好的食物，因為這些食物能夠安撫你的情緒，但你卻沒有停下來自問，你是想要藉由這些食物來安撫**什麼情緒**。也許你其實並沒有那麼悲觀，但除了抱怨連連之外，你不知道如何與生活裡的其他人建立聯繫。

為了解決這樣的情況，你必須開始質疑這些存在已久的想法，然後改採新的想法。

你必須要能夠認清，並不是每一個有錢人都道德淪喪，絕非如此。更重要的是，雖然**的確**會有人以自私自利的方式去使用金錢，但更重要的是，有遠大志向的好人，會無所畏懼地追求這個重要的工具，並藉此為自己和他人創造出更多的時間、機會和健康。你必須承認，當一個健康的人，能夠讓你變得不那麼脆弱，而非更脆弱；而想要為大眾創造任何東西，都會招致批評，但不能夠以此作為不那麼做的藉口。你必須讓自己知道，有許多不同的自我安撫方法，比選擇不健康的食物還有效；而若想跟他人建立連結，絕對有比講負面的話語好得多的方式。

一旦真正質疑和觀察這些存在已久的信念，你就會發現它們一直以來是多麼扭曲和不合邏輯——更不用說這些信念明顯地阻礙了你發揮自己的終極潛力。

自我破壞源於不熟悉

對於未知的事物，人類總帶有一種自然而然的抗拒，因為本質上來說，這是一種極致的無法掌控。哪怕那個「未知」其實親切和善，甚至對我們有益，我們依然不改想法。

不熟悉的事物往往輕而易舉就讓我們做出自我破壞的行為，這是因為任何陌生的東西——縱使再好——在我們熟悉它之前，都會感到不舒服。這常常導致人們將未知事物所帶來的不適感，與「錯誤的」「不好的」或「不祥的」混為一談。不過，這其實只是心理適應的問題。

蓋伊・漢德瑞克（Gay Hendricks）把這樣的感受稱為你的「上限值」，也就是對快樂的承受度。對於能夠承受多大的喜悅感，每個人都有他自己的標準。這就像是其他心理學家所說的，一個人的「情緒基線」；也就是說，每個人都有一個預設的情緒基本值，即使這個基本值因為一些事件或情況而產生暫時性的變化，情緒最終還是會回到預設的初始狀態。

基本值一次又一次的微小變化，會隨著時間的推移而逐漸積累，最後可能導致情緒基線的永久改變。然而這種永久性的改變甚少發生，因為我們已經達到了自己的上限值。我們之所以不容許自己的情緒基線產生改變，是因為一旦當下的處境所產生的喜悅感超出了過往的習慣，我們就會既有意識也無意識地運用各種方法，讓自己回到熟悉的情緒狀態中。

我們生來就是被設計成尋求已知的事物。儘管認為自己是在追求幸福，但實際上，我們是在努力地尋找那些自己最習慣的東西。

═自我破壞源於信念系統═

你相信生活是什麼樣貌，就會把生活變成那個樣貌。

這就是為什麼意識到這些業已不合時宜的內在敘事，並鼓起勇氣改變這些內在敘事是如此重要。

也許在一生中的大部分時間裡，你都相信在一家體面的公司任職，並拿到人人稱羨的百萬年薪，是你人生的最高成就。也許你花了很多年的時間告訴自己：「我這個人很容易焦慮」，於是你真的開始認同這樣的自己，並將焦慮和恐懼視為本質，將之納入你的信念系統中。也許你是在一個思想封閉的社交圈或同溫層裡面長大的。也許你從來都不知道，針對政治或宗教，你其實可以提出質疑，或是得出不同於旁人的結論。也許你從未想過自己可以風格出眾、滿足現況或環遊世界。

如果你的情況並非上述，那麼你受限的信念可能源自想要確保自身的安全。也許這就是為什麼你喜歡已知的事物讓你產生的安心感，勝於未知的事物讓你產生的脆弱感。也許這就是為什麼你喜歡冷漠勝於興奮。你或許認為苦難讓你更有價值，或者相信生活中每一件美好的事情都必然伴隨著「不美好」的一面。

想要真正地療癒這樣的自己，必須改變思維方式。你必須非常清楚地意識到那些消極和錯誤的信念，並開始改變自己的心態，讓心靈真正地為你服務。

如何擺脫自我否定

也許這個關於自我破壞的初步訊息，引起了一些你的共鳴，或者可能引起了很大的共鳴。無論如何，如果閱讀這本書是因為你真心想要改變自己的生活，那麼你必須停止否認自己的情形。你必須認清楚真實的自己。你將必須做出決定，你將更愛自己，你將不再困於現況，你值得更好的人生。

如果你認為自己可以在生活中做得更好，那麼你可能是對的。

如果你認為自己可以完成更多事情，那麼你可能是對的。

如果你認為你沒有成為真正的自己，那麼你可能是對的。

在療癒的旅程中，就算用無止境的自我肯定來安撫真實感受，也不會有任何幫助。一旦這麼做，自我就會開始分裂，並陷入僵局。

為了「愛自己」，我們會努力認可有關自己的一切。然而，這些溫暖的觀點似乎永遠也沒辦法牢牢黏緊，只是暫時地麻木了我們的不適。為什麼會沒有作用呢？因為在內心深處，我們知道自己並沒有成為那個想要成為的人，而除非接受這一點，否則我們永遠也沒有辦法找到平靜。

抱持否認的心態時，我們往往會進入「指責」模式。我們會努力把自己的現況怪罪到任何事或任何人身上。然後會開始舉證。如果你幾乎每天都必須不斷合理化自己對生活不滿意的原因，那麼你並不是在幫助自己。如果你心底深處的渴望是為自己帶來恆久的改變，那麼怪罪他人的行為，根本毫無幫助。

想要自我療癒的第一步，是承擔起全部的責任。誠實面對自己的人生與自我，不要再否認這一切。你的人生是什麼樣的面貌，其實並不重要；重要的是，你的內心對自己的人生有著什麼樣的感受。不斷地抱持著壓力、恐慌、不滿的情緒，是不好的。有某個地方出了錯，而你試圖「愛自己」的時間越長、越不願認清真相，你痛苦的日子就會越久。

愛自己最棒的方法，就是不再接受自己並不滿意的生活。就是能夠簡單而明確地道出問題在哪裡。

如果想要真正地脫離過往、改變人生，那麼這正是你需要去做的。這是邁向真正改變的第一步。

拿一張紙和一支筆，寫下所有讓你不開心的事。鉅細靡遺地寫下面臨的每個問題。如果遇到的是財務困難，需要非常清楚地了解問題所在。寫下每一筆債務、每一張帳單、每一項資產和每一筆收入。如果是自我形象讓你困擾，那麼請明確地寫下自己不喜歡的地方。如果你的問題是焦慮的情緒，那麼請寫下所有令你困擾或不安的事情。

首先最重要的是，你必須擺脫否認，並弄清楚真正的問題是什麼。此時你面臨的是一個抉擇：可以選擇跟那件事情和解，也可以決心改變。懸而未決才是讓你陷入泥沼的原因。

改變的道路，此刻就在你的眼前

如果你知道需要在生活中做出改變，那麼即使你離最終目標還很遠，或者還無法想像要如何去實踐，也沒關係。

如果你只是剛起步，那也沒關係。

如果你正處於谷底，並且還看不到出路，那也沒關係。

如果你還站在自己那座山的山腳下，而且每一次的翻越行動都失敗了，那也沒關係。

谷底往往是療癒之旅的起點。這不是因為我們突然看到了光明，不是因為那些最糟糕的日子魔法般地轉變成某種頓悟，也不是因為有人把我們從自身的瘋狂中拯救出來。谷底之所以能成為一個轉捩點，是因為唯有在那個時候，大多數人的心底才會想：**我再也不想要經歷這樣的感受了**。

這個想法不單單是一個想法。這是一份宣言，也是一項決議。在你所經歷的事情當中，這是數一數二最能讓你決心改變人生的事情。它將成為你構建其他一切的基礎。

當你決心真的不想再擁有某種感覺時，就踏上了自我覺察、學習和成長的旅程，讓你得以從根本上重新塑造自己。

在那一刻，錯誤就變得無關緊要了。你不會再思考誰做了什麼事情，或是你受到了什麼樣的委屈。在那一刻，只有一件事情指引著你，那就是：無論要付出什麼代價，**我絕對不會再讓自己的生活走到這一步**。

谷底並不糟糕。這樣的處境並不是偶然發生的。唯有當我們的壞習慣一層又一層疊加上去；唯有當自身的心理因應機制變得如此失控，以至於再也無法壓抑自己試圖隱藏的感受時，我們的處境才會跌到谷底。所謂的谷底，指的是當我們終於面對自己之時，指的是當所有的一切都出錯之時。也唯有在這個時候，我們才會意識到一切的問題，都源於我們自身。

我們必須療癒。我們必須改變。我們必須選擇轉過身去面對，如此一來，才不用再次經歷同樣的感受。

就算是心情很低落的時候，我們也不會去想：**我再也不想要有這樣的感受了**。為什麼？因為眼前的處境雖然讓人不舒服，但也沒有不舒服到令人難以忍受。不過呢，在多數情況下，我們其實或多或少都會意識到，犯些小錯誤不過是人生的常態罷了。我們並不完美，但會盡力而為，那種隱隱的不適感，最終將會煙消雲散。

我們不會因為一兩件事情出錯，而來到人生的臨界點。之所以會抵達臨界點，是因為我們終於承認問題不在外界，而是出在我們自身。這樣的體悟是美好的。美國心靈勵志作家阿約迪吉・阿沃西卡（Ayodeji Awosika）是這樣描述的：「你必須找到那個最最純粹的東西，來讓你覺得自己真的受夠了。要讓自己痛不欲生。我幾乎是大叫出聲：『我他媽的再也不要過這樣的生活了！』」

人類以追尋安心感為生命導向。他們會親近熟悉的事物，並排斥那些不熟悉的事物，縱使客觀上來說，這些不熟悉的事物對他們來說是更好的選擇。

即便如此，多數人實際上並不會想要改變自己的生活，除非改變已經成為了較容易的選擇。也就是說，除非別無他法，不然他們其實根本沒有辦法擁抱挑戰，改變舊習。止步不前並不可行。他們甚至已經無法再假裝止步不前有任何功用。坦白講，他們的處境並不像是處在谷底，更像是被壓在一塊大石頭下面，而他們要費盡九牛二虎之力，才有辦法從下面爬出來。

如果你真心想要改變自己的人生，那就讓自己被憤怒吞噬吧。那憤怒不是針對別人，不是針對世界，而是針對你自己。

感到憤怒，下定決心，讓自己的目光集中在一件事情上，就只能有這麼一件事情存在：那就是自己絕對不要再繼續這樣下去了。

準備迎接重大的改變

人們之所以會避免著手處理自己內在的重要課題，最主要的原因之一就是，他們意識到若成功療癒了自己，他們的生活就會迎來改變——有時是天翻地覆的改變。如果他們逐漸意識到自己有多麼不快樂，這意味著在重新起步時，將不得不暫時感受到**更多的**不適、羞愧或害怕。

讓我來把話說清楚吧：一旦徹底終結了自我破壞的行為，那就表示改變即將到來。

擁有新生活的代價，就是你將失去舊的生活。

你將因此離開舒適圈，失去方向感。

你將因此失去舊的人際關係和舊的朋友。

你周遭的人將因此不再喜歡你，也無法諒解你。

但是沒關係。

那些注定要進入你的新生活的人，將會在你的下一段生命中與你相識。你將會運用那些能夠確確實實地促使你前進的事物，來建立一個新的舒適圈。人們將不再只是喜歡你，而是愛你。人們將不再只是諒解你，而是會理解你。

你將會失去的一切，不過就是些只適用於舊的你、不適用於新的你的東西。對舊的生活有所眷戀，是自我破壞能夠促成的第一個行為，同時也是最後一個行為。而唯有釋放這樣的眷戀，我們才能夠做好準備，真心而真誠地見證自己真正的改變。

Chapter

2

所謂的自我破壞，其實並不存在

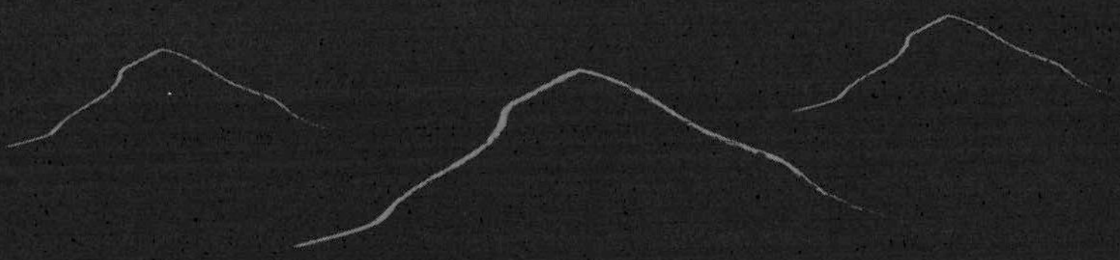

那些你很習慣去做，而且又能推動生活前進的行為，你稱之為能力。可是一旦這些行為成為生活中的阻礙，你就會將之稱為自我破壞。技能跟自我破壞的本質其實是一樣的。

有時候，自我破壞是意外產生的。有時候，我們只是習慣了特定的生活方式，因此無法想像生活有可能變得不同。有時候，我們之所以做出某些選擇，是因為不知道如何做出更好的選擇，或者甚至不知道有其他的可能性。有時候，我們之所以滿足於自己所得到的，是因為不知道自己可以要求更多。有時候，是因為我們長久以來過著不用思考的、日復一日的生活，以至於我們以為自己不再有其他選擇。

然而在多數情況下，自我破壞其實並非出於意外。那些你無法不去做的習慣跟行為——無論它們如何破壞或限縮你的生活——都是你那聰明伶俐的潛意識所設計出來的，其目的是為了滿足那些沒有獲得滿足的需求、流離失所的情緒或是遭到忽視的欲望。

克服自我破壞的方法，並非試圖弄清楚如何控制自己的衝動。其首要之務，其實是要找出這些衝動之所以存在的原因。

自我破壞常常被誤解為我們懲罰、嘲笑或故意傷害自己的一種方式。表面上來看，似乎是如此。自我破壞就是明明一心想著要吃更健康的食物，但幾個小時後，卻發現自己竟然把車停在餐廳的得來速窗口。自我破壞就是明明發現了一個市場缺口*，並構思出一個前所未有的出色商業想法，接著卻「分了心」，忘記要去執行。自我破壞就是腦中充斥各種各樣奇怪而可怕的想法，並任由這些想法在你面對重要的生活變化或人生的里程碑時，讓你動彈不得。自我破壞就是明明知道自己的生命中有許多值得感激和為之興奮的事情，卻仍然憂心不已。

我們常常會將這類的自我破壞行為，錯誤地歸咎於欠缺智力、意志力或能力。但情況通常並非如此。我們並不是透過自我破壞來傷害自己；我們其實是想藉由自我破壞來保護自己。

什麼是自我破壞？

自我破壞指的是，你擁有兩種互相衝突的欲望。一種是有意識的，一種是無意識的。你明明知道自己是多麼渴望推動生活往更好的地方邁去，卻依然出於某種原因而裹足不前。

每當生活中遇到巨大、持續，而且還無法克服的問題時——尤其是當解決的方法看起來是

* 指的是企業尚未提供服務，卻有客戶需求的領域。

如此簡單、如此容易，卻又如此難以堅持——其實巨大的並非自己所遇到的問題，而是自身的執著。

雖然聽起來教人難以置信，但是本質上，人們其實可以做任何自己想做的事情。人類生活中的一切都是如此。顯而易見地，人類的天性是極端的自私自利，不計後果。只要心裡覺得非做不可，人們就幾乎都能夠突破生而為人的框架，完成自己的目的，就算有人會因此而受傷、就算會引發戰爭、就算會讓未來陷入危機。明白這一點之後，你就會意識到，如果你把什麼東西保留在自己的生命裡，那麼背後必然有其原因。唯一的問題是，你為什麼要這麼做？

有些人不明白，明明自己一心想要變得更有錢，卻似乎怎麼也沒辦法激勵自己開創一個新的事業。他們或許是沒有意識到，在自己的潛意識中藏著一個信念，那就是富貴之人不是自我中心，就是人人討厭。又或許他們其實並不是真心想要成為超級富豪。可能這不過是一種掩飾，他們真正想要的是安全感跟「自己已經搞定一切」的感覺。又或者他們真正的願望是自己的藝術創作獲得認可，而由於這件事情感覺不太可能會發生，才會退而求其次，追求一個次一階的夢想，而這個夢想其實根本無法激勵他們前進。

有些人嘴裡說只要能成功，自己願意不惜一切代價。然而，他們又不願意付出為了達成這一目標所需要的大量工作時間。這或許是因為在某種程度上，他們明白「成功」並不會讓人獲得真正的快樂，他人也不會因此而喜歡他們。事實上，真正會發生的往往是相反的情況。成功通常只會讓你遭受嫉妒和監督。成功人士並不如我們所想像的那樣受人愛戴。他們通常會被挑出各種毛病，因為嫉妒的人需要使用一些方法來讓他們凡人化。或許很多人真正想要的並不是「成功」，而是被愛，但他們對於成功的野心，卻直接危害到自己真正的願望。

有些人不明白，他們為什麼總是會進入「錯誤」的關係，而他們的對象所表現出的那些拒絕、傷害或不願承諾的模式，似乎有其一致性。也許他們沒有意識到自己實際上正在做的，是重現年輕時所經歷過的關係裡的發展過程，因為他們已經把愛情跟失去或拋棄連結在一起。也許他們想要重現的是那曾經讓自己覺得無能為力的家庭關係。而由於自己已經是個成年人了，所以即便面臨跟過往同樣的處境，他們也能夠幫助那些成癮者、說謊者或沮喪破碎的人。

你必須知道的是，談到自我破壞的行為時，很容易牽涉到隨之產生的問題。

成功會讓你變得不那麼受歡迎。

尋找愛情會讓你變得更脆弱。

讓自己變得不那麼有吸引力，可以保護自己。

自我設限，讓你得以避免他人審視的目光。

拖延能夠讓你回到舒適的狀態。

你用各種方式所表現出來的自我破壞行為，其實都是在滿足自己的某個需求——而你本身極有可能甚至沒有意識到這個需求的存在。之所以要著手處理這些自我破壞的行為，不單單是為了學習更了解自己，也是明白自己所遇到的問題並不是問題，而是症狀。

你其實擺脫不了自身的心理因應機制，而且還誤以為自己已經解決了問題。

自我破壞行為長什麼模樣？

何謂自我破壞行為，我們沒辦法斷言得一清二楚，因為對某個人來說健康的習慣和行為，只要情況有了改變，就有可能隨之變得不健康。

即便如此，肯定有一些特定的行為和模式，通常都意味著是自我破壞。這些行為跟模式往往表示你意識到生活裡存在著問題，但又覺得自己無論如何絕對不能終止這樣的行為。以下是一些表示你很可能處於自我破壞循環中的主要跡象。

═抗拒心態═

所謂的抗拒心態指的是，明明有一個新的計畫需要著手，卻怎麼也沒辦法讓自己行動。抗拒心態指的是，明明進入了一段又一段嶄新而美好的關係，卻又一次次放棄。抗拒心態指的是，腦海裡明明產生了一個有益於事業的絕妙點子，可是一旦坐下來真正要動手執行時，又感覺到緊張跟憤怒。

在我們的人生當中，這種抗拒心態通常不會出現在事情出錯的時候，反而會出現在事情**沒有出錯**的時候。每當遇到一個需要解決的問題時，我們通常不會想要抗拒。但是，每當有一些我們能夠享受、創造或建立的東西出現時；每當我們想要成為那個不只追求生存，還試圖讓生命變得更蓬勃發展的自己時，這樣的抗拒心態就會出現，因為陌生的事物很容易讓人望而生畏。

如何解決

抗拒心態的出現，是要你放慢腳步，並確保自己可以安全地投入一個重要而嶄新的事物。除此之外，抗拒心態也可能是一個警告信號，表示事情不太對勁，你可能需要退後一步，重整旗鼓。

抗拒心態跟拖延或冷漠並不相同，因此不應一概而論。我們必須留意，每當遇到抗拒心態時，背後總是有其原因。在面對抗拒心態時，如果試圖強迫自己採取行動，那麼這種感受通常會加劇，因為我們正在激化內在的衝突，並觸發了最早阻礙我們前進的恐懼。相反地，若是想要釋放掉抗拒心態，需要重新集中注意力。我們必須弄清楚自己想要什麼、想要的原因，以及想要何時實現。我們必須認出那些阻礙真實的自己現身的無意識信念。接下來，則是必須在感受到那股驅策我們的動力時，重新投入行動。在抗拒心態消失之後，「想望」的入口就會誕生。

抵達自己的上限值

如同先前所討論的，多數人只會讓自己感受到一定程度的幸福。蓋伊・漢德瑞克稱之為你的「上限值」。

在我們的生活中會出現各式各樣的「好事」。而所謂的上限值，本質上來說指的就是你能夠在心平氣和的情況下，去擁有的「好事」的數量。它是你對於擁有各種正面情緒或經歷各類正面事件的承受度和門檻。

一旦上限值被打破，你就會無意識地做出一些行為來妨害好事發生，以便讓自己回到舒適又熟悉的狀態。對某些人來說，是以肢體上的不適來表現，常出現的症狀是暫時或長期的疼痛、頭痛或是緊繃。對其他人來說，是以情感上的不適來表現，例如抗拒、憤怒、內疚或恐懼。

這看起來似乎完全違反直覺，但我們並非真的天生就會追求快樂；我們天生就會追求的是舒適，而任何超出舒適範圍的事物，除非我們已經熟悉了，否則都只會讓我們感受到威脅或恐懼。

如何解決

達到自己的上限值，其實是一個非常好的跡象。這意味著你正在接近並超越生命的全新格局，這件事情最為重要，因此你應該要先恭喜自己。解決上限值問題的辦法，就是讓自己慢慢適應新的「常態」。

不要讓自己因為發生巨大的變化而震驚不已，要讓自己慢慢調整和適應。透過放慢腳步，你可以讓自己逐漸進入一個新的舒適圈，而這個新的舒適圈正是你想要的新生活。隨著時間過去，你將逐漸為自己的情緒基線設立一個新的標準。

重起爐灶心態

重起爐灶心態出現的時機，是每當某人一起床，明明需要好好將注意力集中在面對與伴侶之間的相處問題，卻發現自己真正在做的事情，是不斷地從一段關係跳到另一段關係中。重起爐灶心態出現的時機，是每當某人明明需要好好將注意力集中在服務現有的客戶，卻發現自己真正在做的事情，是重新架設起一個又一個的商用個人網站。處於重起爐灶心態時，你不會允許自己綻放，只是安逸地享受發芽的過程。

這種心態可能會讓你不斷尋求一個「嶄新的開始」。這種心態通常是源於自己沒有辦法用合情合理的方式來處理壓力，或是掙扎於不知道如何解決衝突。重起爐灶心態是一種把注意力從存在生活中的真正的問題，轉移到別的地方的方法。因為一旦自己有了一份新工作，或搬遷到一個新的市鎮，你的注意力勢必得放在重建自己的新生活上。

終歸來說，重起爐灶心態意味著你總是處在人生新章節的開端，但從未真正好好過完一個章節。縱使不斷努力前進，但到頭來，你將陷於比從前更深的困境中。

如何解決

首先，要認知到自己的模式。

重起爐灶心態的主要症狀之一，就是你沒有意識到自己正在這麼做。因此，最重要的一步就是意識到正在發生的事情。回想一下你過去幾年的移動軌跡：你搬過多少次家或是換過多少個工作？然後呢，要找出原因，明白是什麼樣的東西促使你每當發現新的事物，就又離它遠去。

接下來，你需要清楚地知道，自己真正想要的是什麼。有時候，之所以會出現重起爐灶心態，是因為在看到自己想要的東西時，我們的步伐走得太快，結果卻發現自己沒有考慮清楚，而且也不是真的那麼想要那個東西。關鍵在於清晰的思路，因為你現在正在考慮的是長遠的問題。選擇在某個地方居住，然後在那裡建立與他人之間的連結，那會是什麼樣的感覺？在同樣的地方工作，並且獲得職位的晉升，或是發展自己的業務，那又會是什麼樣的感覺？

請記住，從重起爐灶心態中康復，並不代表你必須滿足於自己不想要的東西，也不代表你會因為自己不想再變動，而留在不安全或不合理的環境中。這麼做，是為了清楚地決定適合你自己的正確道路，然後擬定一個計畫，好讓你能夠蓬勃發展，而不僅僅是得過且過。每當面臨過往的你通常會想要逃離的時刻，要好好面對那種不適感，不再逃開。弄清楚自己為什麼會因為與某樣東西產生連結就感到不適，並明白合理的連結對你來說又該是什麼樣子。

完美主義

一旦期望自己的工作成果在第一次嘗試時就必須盡善盡美，那麼我們就陷入了追求完美主義的循環中。

完美主義所追求的，其實並非一切都正確無誤。這不是什麼好事。事實上，這麼做反而會帶來阻礙，因為完美主義會讓我們對自己的能力或日常中大小事的後果，產生不切實際的期望。

完美主義會阻礙我們展現自己和勇於嘗試，或是妨礙我們去做那些生命中十分重要的事情。之所以會發生這種情況是因為一旦我們害怕失敗、一旦覺得自己不堪一擊，一旦覺得自己的表現不如預期，沒辦法達到我們希望成為的、他人眼中的自己時，我們就會逃避那些能讓自己變得更好的努力。

完美主義所破壞的是我們做自己的意願，是我們什麼也不想，先動手再說的意願。但也唯有一次、一次、又一次地反覆去做同一件事情，我們最終才能把那件事情做到最好。

如何解決

不要擔心自己做得好不好，去做就對了。

不要擔心自己寫的書能不能暢銷，去寫就對了。不要擔心自己的音樂創作能不能得葛萊美獎，去創作就對了。不要擔心失敗，只要繼續做自己，繼續嘗試就好了。首先最重要的是，要去做你真正想做的事。接下來你可以從錯誤中學習，並隨著時間過去，進入你真正想要達到的境界。

事實上，如果只擔心自己做的事情能不能夠驚豔四座並且改變世界，那麼實際上，我們不會有辦法完成任何偉大的成就。想要完成偉大的成就，我們只要做自己，並且允許自己創造出一些對我們來說既有意義又重要的東西，那就可以了。

專注於進步，而不是完美。與其想著要把某件事情做到完美，不如把注意力放在將之完成。有了這樣的心態後，就可以進行後續的編修、建構、灌溉和開發，使其與自己的想望完全相符。但如果不踏出第一步，永遠也到不了目的地。

受限的情緒處理能力

生活中總會有那些讓自己心煩意亂、生氣、悲傷甚至憤怒的人、處境和情況。同樣地，也會有一些人、處境和情況令人振奮、充滿希望、有益處，並能夠為你的生活帶來貨真價實的目的和意義。

如果你只能夠處理半數的情緒，就會妨礙自己的成長。你將竭盡全力去迴避任何可能讓自己覺得沮喪或不舒服的情況，因為你沒有辦法處理那種感覺。這意味著你將開始迴避一些風險和行為，哪怕這些風險和行為最終其實能讓你的生活變得更好。

此外，無法處理自己的情緒，意味著你將困在這些情緒中。你將會坐困在自己的憤怒和悲傷中，因為你不知道該如何讓它們消失。如果只能處理自己半數的情緒，那麼到了最後，將只能過著不上不下的生活。距離自己的真心想望，將差了很大的一段。

如何解決

何謂有益的情緒處理方式，取決於每個人的不同想法。但整體來說，包含下列步驟：

- 弄清楚發生了什麼事。
- 接納自己的感受。
- 決定修正的方向。

首先，你需要了解自己為什麼會心煩意亂，或是某件事情為何讓你覺得如此困擾。如果無法把這一點弄清楚，那麼你將繼續把時間耗費在思考細節上，而無法真正地理解，是什麼東西對你造成如此大的傷害。

接下來，你必須接納自己的感受。你要意識到自己並不孤單，任何與你處境相同之人很可能都有類似的感受（而且確實如此），因此你有這樣的感受完全合情合理。一旦這麼做，你就允許自己去做出一些生理上的釋放行為，例如哭泣、發抖、記錄下自己的感受，或是把這樣的感受告訴一位值得信賴的朋友。

一旦弄清楚問題出在哪裡，並且允許自己充分表達自身的情緒感受，你就能夠決定要如何改變自己的行為或思考過程，以使得自己在未來能夠得到真正想要的結果。

自圓其說

人生終究並非以你的意圖去論斷，而是依照結果。無論一開始有什麼打算，或是你明知該怎麼做，卻沒有時間，那都無關緊要。同樣無足輕重的，還有你覺得自己為什麼沒辦法那麼做的理由。人生的重點只在於你最後是不是做了該做的事情。深陷自我破壞的行為模式時，你通常會覺得那些堂而皇之的藉口，跟明擺在眼前的結果一樣重要：你會利用那些藉口，讓自己獲得暫時的滿足；你會利用那些藉口，來代替真正的成就。

如果有目標、夢想或計畫，任何意圖就會變得不再重要。差別將只會是，你是去做了，或是還沒去做。面對自己沒有挺身去做的情況，你說出口的任何理由，都在在只表明了相對於自己的真心想望，你更看重的是藉口。這也意味著藉口將永遠主導你的人生。

你也可能會利用藉口來幫助自己擺脫那些令你不舒服的感覺。可是如果你真的想要成長，那麼經歷那些不舒服的感覺，其實對你來說是不可或缺的。

如何解決

開始衡量自己的成果，把注意力放在每天至少做一件有成效的事情。

重點將不再是你有多少個日子是真的很想去健身房，而是在於你實際去了多少個日子。重點將不再是你有多麼想跟朋友見面，而是在於你到底有沒有依約前往。重點將不再是你腦中有多少個如何改善生意的超棒點子，而是在於你究竟有沒有著手執行。別再接受自己的藉口了。別再滿足於你的自圓其說。開始用數量去衡量自己的生活吧，算算看自己一天天完成了多少件有益而積極的事情。如此一來，你將發現自己取得進步的速度會是多麼快速。

雜亂無章

那些讓自己的生活和所處的空間凌亂不堪的行徑，表面上看起來只是沒頭沒腦地忘記打理周遭的環境。但這類製造干擾跟混亂的行為，其實是我們帶著無意識的目的去做的。

乾乾淨淨、井然有序的空間——無論是辦公或生活的空間——對於蓬勃發展來說至關重要。這指的是一個整整齊齊的家、每天早上都能很容易拿到並穿搭的衣物、一個乾乾淨淨的廚房和一張井然有序的桌子。文書資料應該都要歸檔在同一個地方，臥室應該要能讓你舒緩心神，所有的東西都應該要有一個「家」，讓它們得以在一天結束時返家安歇。

欠缺潔淨有序，我們的可能性將因而受限。混亂無法造就積極，遑論美麗。在內心深處，我們清楚地知道這一點。在通常的情況下，我們之所以做出讓生活變得雜亂無章這種自我破壞的行為，是因為非常潔淨或有條有理的環境，會讓我們感到不安。我們之所以產生這種讓自己避之唯恐不及的不安情緒，是因為我們將意識到既然一切都是那麼井然有序，自己就必須開始努力，去做該做的事情，或是成為想成為的人。

如果自己所處的空間亂七八糟，我們的人生將總是會困在還有幾件事情得做、還有幾個事項待辦的情形，進而導致我們脫離不了現況，無法成為真正的自己。

如何解決

就像任何事情一樣，你需要慢慢開始，並隨著時間逐步調整。要練習清理跟整頓的話，就從一個房間開始吧。如果覺得一個房間還是太大，那就試著整理一個角落、一個抽屜，或是一個櫥櫃吧。著手去做，就只做這麼一件事，把它變成例行作業，以維持其整潔。

接下來開始整理自己的空間，讓空間成為你的助力，而非阻力。把噴香機這一類能夠舒緩情緒的用品，放在你的床頭櫃上。或是在廚房裡做好一個井然有序的家庭日曆，讓其他人都看得到上面的行程安排跟日程規畫。如果你的困擾是雜亂無章的信件，那麼就創造出一個能放每日新到郵件的地方。如果你的困擾是雜亂無章的待洗衣物，那麼就規畫出一個管理方針，決定好每隔一天或兩天洗衣，分成一批批處理，不要過度累積。你一定要讓自己慢慢習慣在乾淨的書桌上工作，讓這件事情最後成為你的習慣。你將開始意識到自己的壓力減輕了許多，也更能掌控自己的生活了。周遭的環境如果髒亂不堪，會讓你非常難成為自己想要成為的那種人，而且還會讓你覺得自己亂七八糟，即便那其實不是真正的你。

執著於並不想要的事物

有時候你對人生抱持的夢想，其實源自他人的喜好。在其他的情況下，你會決定好自己現在想要的是什麼，然後拋棄掉過往的陳舊渴望。

有時候我們會無止境地把心力耗費在逼迫自己去想要一些其實並不想要的事物上，但這種行為總是在事後讓我們覺得很空虛，因為那並非我們真心的渴望。這跟缺乏動力或遇到阻力不同。我們之所以沒有辦法好好表現，並非因為恐懼或缺乏能力，而是因為打從心底知道，我們並沒有想在自己的生活中擁有這樣事物，而且我們可能會感到迷失，或沒有辦法改變自己的行徑。

一旦發現自己因為某件事情而陷入苦苦掙扎的局面時，必須捫心自問：**我是真心地想要這麼做嗎？**你是真的想要這份工作，抑或只是想要這個頭銜？你是真的愛這個人，抑或只是喜歡這段關係帶給你的感覺？曾經為自己的人生立下終極願景的你，是否意識到那個願景早已過時，但你卻仍緊抓不放？如果真是如此，那麼選擇坦然放手，又會讓你的人生呈現什麼樣的風景呢？

到頭來，自我破壞有時候能讓我們看到自己還沒有走上正確的道路，而我們需要重新評估，以確定什麼選擇對生命來說是最好的，哪怕這也意味著我們會讓一些人感到失望，甚至包括過往年輕的自己。

我們沒有必要把餘生的時間都耗費在企圖完成某種年輕時所認定的完美成就上。當時的我們還太年輕，當時的我們甚至都還不了解自己。我們唯一該做的事情，是為此時此刻的我們做出正確的抉擇。

如何解決

坦然地接受事實吧，也許你所謂的「成功故事」其實並非自己曾經想像的那樣。也許你真心渴望的成功，是每一天都能感到平靜，或者讓你的生命中充滿旅行，而不是工作。也許你的成功是擁有不斷擴大的交友圈或一段幸福的關係。也許你十年前進入的這個行業，並不是一個你想要走一輩子的行業。也許你曾認為自己會喜歡的工作，做起來並沒有自己原先想的那麼容易。

如果能夠放棄不適合自己的事物，就可以創造出空間，來找到什麼是適合自己的。然而，這麼做需要極大的勇氣。我們需要放下自尊，看清事物的本來面目。

論斷他人

我們都知道在跟其他人互動時，對他人的生活及選擇恣意地說三道四或隨口論斷，並非什麼有益或正面的做法。然而，這種行為造成的損害，遠比我們意識到的還要大得多，因為它會在我們邁向成功的路途上帶來阻礙。

如果我們不喜歡那種自己沒有別人成功的感覺，那麼我們可能會試圖找出他們身上的缺失，來讓自己好過一點。如果每次遇到一個比自己還成功的人都要這麼做的話，我們就會開始將那種程度的成功跟不受歡迎連結起來。爾後，每當我們需要為了改善生活而付諸行動時，就會產生抗拒心態，因為讓自己變得更加成功，會破壞我們的自我概念。

另外一種情況是，在成長過程中你可能聽說過身旁的人醜化有錢人，視他們為壞蛋。他們可能說過類似「嘖，有錢人壞透了」的話，也許他們把所有的有錢人都歸類為道德敗壞之人。這種會帶來重大影響的人格定位，就這樣鑲嵌進了你的潛意識中。事到如今你會發現，在試圖改善自己的財務狀況時，你出現了自我破壞的行為，因為你把富有跟罪責以及不受歡迎連結在一起。

在論斷他人的同時，我們為他人所設下的規則，也會進一步成為捆綁我們的枷鎖。因為他人擁有我們所沒有的，或是出於一顆妒忌的心，我們做出了論斷的行為。然而這樣的行為對自己的生活所造成的破壞，其實遠大於我們對其他人造成的真正傷害。

如何解決

很多人說，你必須先愛自己，然後才能愛別人。但實際上，如果你學會愛別人，那麼你也將學會愛自己。

透過不假定來練習不論斷。不要根據你所掌握的有限資訊，對一個人做出定論，而要考慮到自己其實沒有看到全貌，也不了解來龍去脈。

如果對別人的生活更富同情心，你也會對自己的生活更富同情心。如果看到對方擁有某種你想要的東西，那就恭喜他們，即便一開始你覺得這麼做很困難。這樣的善舉會回到你自身，有朝一日他人也對你這麼做時，你也將敞開心胸接納他人的祝賀。

自尊心

我們許多糟糕透頂的決定，往往與自己的自尊心有關。

有時候我們明知自己陷身在一段錯誤的關係中，但離開這段關係可能會帶來的遺憾感，讓我們覺得繼續維持下去還比較輕鬆。有時候我們雖然開創了一項事業，卻意識到自己其實沒那麼喜歡這項事業，或者拒絕接受自己需要改變的事實，或者不願尋求他人的幫助。之所以會發生這些情況，就是自尊心在作祟。我們之所以在生命中做出這些不好的抉擇，依據的是自己想像中的他人觀點，而非他人真的這麼表示過。這樣的做法不但有所偏差，同時也非常有害。

如何解決

為了克服對自尊心的執著，我們必須用更全面也更誠實的眼光來看待自己。我們不應該認為自己需要向身旁的每一個人證明我們是多麼完美、多麼無懈可擊，我們可以對自己抱持更貼近現實的想法：儘管我們有弱點，但我們盡力去做。畢竟到頭來，與其因為在乎他人的想法而堅持去做錯誤的事情，進而導致生活過得黯淡悲慘，還不如放手做自己，終究這才是你應該做的。如果你能夠承認自己是一個不完美的人——就像其他人一樣——並且願意學習、適應，同時盡力而為，人們將會更加尊重你。

在往這種正面心態邁進的同時，你還可以敞開心胸去學習。不要假設自己無所不知，也不要認為自己需要看起來完美無瑕。如此一來，就可以承認自己的錯誤，尋求他人的幫助，有時還能夠依靠別人。基本上來說，你將因此重新敞開心胸，迎接自我的成長。長遠來看，你的生活將會因此變得更好。

對成功抱持罪惡感

在一個充滿痛苦、恐怖和不幸的世界裡，我們憑什麼能擁有幸福、富足的生活呢？

這就是很多人都會經歷的思考過程。人們所面臨的最大心理障礙之一，是某種特殊的罪惡感，這種罪惡感源於總算不虞匱乏，或是能夠滿足自己的多種需求。這種感覺可能有很多不同的根源，但最終都能歸結為，你覺得自己「不配」擁有這麼多。

一旦我們開始賺更多的錢或擁有更好的東西時，這種感覺就經常會出現。通常的情況是，人們會因為自己所擁有的事物超過自身的基本需求而覺得心理不適。這種不適感產生之後，人們就會做出揮霍無度、輕視顧客、過度工作等行為，讓自己重新回到令人安心的匱乏感中。

不幸的是，每當論及成功，內疚是一種常見的情緒，尤其是對於那些想做正確的事、過坦率的生活、擁有一副好心腸的人來說。

如何解決

請知道，多數極為成功的人士都沒有任何的罪惡感。事實上，罪惡感出現的時機，通常只會是在你介於「有所匱乏」和「終於不虞匱乏」的時期。

你必須意識到的是，金錢和成就不過都只是工具。它們能夠為你贏得時間，為你提供幫助、雇用、影響和改變他人生活的機會。不要把你的成功視為一種地位的差異化——這種想法總是讓人覺得糟糕和不舒服——而是把它視為一種工具。你可以運用這種工具，在這個世上和自己的生活中，做出重要而正面的事情。

害怕失敗

我們有多常因為害怕立刻失敗或落人口實，而連踏出一步去嘗試都不敢？為了成為某個領域的專家，人們理當在該領域投入心力。然而，害怕失敗的恐懼往往會成為我們的阻礙，而且還可能以另一種更陰險的形式出現。每當我們在生活中建立了新的事物，這種恐懼就會成為一種不理性的持續性擔憂，擔憂自己會因此「錯失什麼」、擔憂伴侶出軌，或者擔憂我們若走錯一步就會失去一切。

每當我們想要保護自己免於受到潛在的損失時，這些糟糕透頂的想法就會出現。只有當我們終於擁有了自己相當在乎並且真心想要保留的東西時，這類想法才會出現。

如何解決

失敗有兩種。第一種失敗，是因為你嘗試了一些新的、大膽的東西。第二種失敗，是因為你**沒有面對**、**沒有動手，或者沒有**對自己的行為負責。而這兩種失敗是不一樣的。

這兩種經驗截然不同，你應該在自己的腦海中將之區別開來。

在做某一件事情時，雖然一開始就表現不佳，甚至可能還會遭受損失的情況或許很可怕，但從不嘗試或總是自我設限，更是糟糕。失敗是無法避免的，但你必須要確保的是，自己的失敗是合情合理的。

因為疏忽而導致的失敗，會使我們往後退一步；因為勇於嘗試新方法而導致的失敗，則會讓我們離成功更近一步。

大題小作

我們之所以會用大題小作的態度去面對自己在生命中取得的成功，有兩種情況。第一種情況是，我們試圖讓自己顯得不那麼令人印象深刻，這樣別人就不會覺得受到威脅，從而更喜歡我們。第二種情況是，我們試圖讓自己沒有「成功」的感覺，因為我們害怕自己已經來到人生的巔峰。

儘管多數人都渴望這一刻的到來，覺得自己好像終於抵達了高峰，並實現了深刻渴望的巨大成功，但在實際獲得之後，往往會感覺這樣的成就似乎沒有那麼重大、驚人，或是沒辦法讓我們得到原先預期的美好感受。

之所以會出現這種情況，就是因為大題小作的態度。獲得「成功」的想法讓我們擔心自己已經達到了頂峰，因此會隨之墜落。如果我們承認自己已經成功達標，那接下來要怎麼辦呢？由於這種感受近似於死亡，因而促使我們採取另一種應對態度。

同樣地，跟其他人待在一起的時候，我們不會表現出志得意滿的態度，因為我們被教導說這麼做是不好的（如果以有害的方式去做，確實是如此）。在達到一定成就時，我們會擔心自己表現出「高人一等」的態度。這會讓我們感到不舒服，因為我們知道事情並非如此，而且這麼想也很不友善。

如何解決

我們都可以在認可並欣賞他人的不同成就與才華時，也開開心心地認同自己的成就和才華。與其對他人的讚美表現出滿不在乎的態度，我們可以這樣回應：「謝謝你的讚美，我真的超努力，能夠做到我也很開心。」

如果擔心的是自己太早「達到巔峰」，那麼必須要修正自己對「取得進展」一事的看法。情況變得更好，絕非情況將要變壞的前奏。我們取得了成就，並非意味著將要失去這個成就，回到原先的處境。這種油然而生的想法，其實是一種自我破壞的行為，它想讓我們留在原來的舒適圈裡。

相反地，我們要接受這樣的事實：如果生命中的某一部分取得了好的進展，那麼這樣的進展也將對其他的一切帶來正面影響。每當我們做到了一件事情，也就等於能夠更順利地面對未來的處境。只要我們不斷努力，生活就會逐漸變得更加美好。如果每當完成一件事，就會被自己的能耐嚇一大跳，進而卻步不前的話，我們的生活將會變得更糟。

有害的習慣

在破壞自己的成功一事上，這是人們最常使用的方式：保有那些會嚴加阻礙他們實現目標的習慣。

例如，某人明明宣稱自己想要擁有更好的身材，但每天做的事情還是跟以前一樣，絲毫看不出任何的努力。又或是某人明明說自己想換工作，但又做出各種事情，使得自己難以辦到，或甚至是根本就辦不到。

所有這些行為的核心，是基於同一個事實：我們心靈的一部分明白自己應該在生活中不斷成長、繼續前進；但心靈的另外一部分，則被前述行為可能帶來的潛在不適嚇到了。一般來說，這樣的不適導致內在的緊張和沮喪不斷加劇，直到我們達到自己的臨界點，覺得再也受不了了，進而做出改變。

不過我們的目標是，既不需要意識到用各種方法阻礙自己過著平靜舒適生活的人其實就是自己，也不需要達到自己的臨界點。

如何解決

用自己的方式定義何謂健康。對你來說，什麼叫做健康的生活？這種生活會帶給你怎麼樣的感覺？在這種生活中，你又會做著什麼樣的事情呢？

光是把目光放在其他人對於健康的定義，是很難讓自己過得好的。特別是因為每個人都不一樣，各自有各自的需求、偏好和時間安排。

因此你要找出自己覺得最好的答案。決定好自己適合的是哪種健康飲食、哪種運動方式，以及怎麼樣的睡眠習慣，然後堅持下去。就像許多事情一樣，健康的習慣最好是逐步養成的。不要試圖強迫自己在早上六點的時候，去健身房運動一個小時；而是嘗試運動個十五分鐘就好，或者把運動課程換成自己真正喜歡的，或選擇更適合自己的時間去運動。讓自己更容易成功。親自動手準備自己的餐點，或是把要飲用的水放在辦公桌旁邊，讓自己整天都喝得到。慢慢調整自己養成健康的習慣，而且是那些真正適合自己生活方式的健康習慣。

「忙」個不停

在日常生活中，人們用來自我破壞的另一種非常常見的方式，就是一步接著一步，不斷地分散自己的注意力，直到注意力完完全全都放在他人身上為止。

那些「忙」個不停，其實是在逃避自己。

除非自己心甘情願，否則沒有人是真的很「忙」。你會知道這一點，是因為很多行程塞得滿滿的人，從來都不會這樣形容自己。這是因為「忙」不是一種美德。「忙」這種說法，只是在讓其他人知道，你不懂如何管理自己的時間或各種事務。

忙個不停，意味著手頭的事情很重要。這種行為常常會讓別人覺得應該要跟你保持一些距離。這種行為還會使得身體不堪重負，讓你只能專注做手頭的事情，其他什麼都做不了。忙個不停會讓我們徹底分心，沒有辦法處理真正該面對的問題。

如何解決

如果行程表總是排得滿滿的，你就永遠無法達到自己應有的效率跟生產力。如果這就是你遇到的情況，那麼你的首要之務就是思考這些事情的重要性，然後將之簡化與排序，接著只做真正重要的事。除此之外的事情，能麻煩別人就麻煩別人，不能麻煩別人的就放手吧。

如果你遇到的問題是，自己會在沒有必要的情況下，還刻意在一天之中製造出各種亂七八糟、讓你忙個不停的事情，那麼你必須練習跟簡簡單單的日常生活還有平淡無奇的例行公事共處。你所要做的第一件事情就是寫下每天需要完成的五個首要任務，然後把心力都投注在完成這些任務，而且只完成這些任務，不做其他事。

你可能還需要面對忙碌生活帶給你的「保護感」。忙個不停，會讓你感覺自己比別人更重要嗎？忙個不停，會讓你有一個藉口，可以對一些計畫說「我沒空」，或是能讓你因而避開某些人嗎？你需要找到更健康、更有效的方法，來應對這些感受，例如可以動手創造出令自己引以自豪的事物，並藉此找到貨真價實的自信心；或者在各式各樣的人際關係中，用更平靜也更清楚的態度說出自己的界限和需求。

把時間浪費在不對的人身上

誠然，我們生活中的很多東西，都是由與我們共度時光的人所塑造的。而你選擇同伴的心態裡面，就經常藏著人們自我破壞的方法。

你肯定能想到，生活中有這麼一些人，他們讓你倍感壓力、缺乏安全感，卻又讓你欲罷不能。這些人際關係的毒性較輕，但仍會讓你自食其果。

如果你發現自己所投身的某種友誼或情感關係，會讓你幾乎沉迷於「不如別人」或「嫉妒別人」的感覺，那麼你需要一步步擺脫這段關係。你不需要刻薄、粗魯，甚至不需要把任何人從你的生活中剔除。

但是，你必須明白，與你相處時間最長的人，將不可避免地塑造你的未來，因此你的選擇一定要明智。

如何解決

努力建立一個既支持也激勵你的人際圈子，這個圈子裡的人有著相似的目標，也喜歡與你共度時光。在離開與他們之間的聚會時，你應該要感到精力充沛、靈感迸發，而不是精疲力竭、怒氣沖沖。

要找到屬於自己的一群朋友需要時間，而且你可能不會一下子就發現所有的成員。想要起頭，可以從主動邀請你欣賞的人喝杯咖啡開始，或者主動與你想要重新建立聯繫的人一起做些事情。緩慢但真誠地重建你的人脈，然後盡己所能地培養和照料這些有益於你的人際關係。

不停去擔憂那些非理性的恐懼跟最不可能發生的情況

人們在不知不覺中自我破壞的另一種非常常見的方式，就是對「最慘的情況」的恐懼。

你可能對這樣的情境很熟悉，或至少會有一定程度的熟悉：你突然有了一個怪異或極不可能發生的想法，這個想法在你的腦海裡喚起了深深的恐懼和害怕，以及一連串「危在旦夕」的場景。接下來，你會一次又一次地回想起這樣的恐懼，嚴重到甚至讓這樣的恐懼控制了你一部分的生活。

非理性的恐懼，尤其是那些最不可能成真的恐懼，往往是我們對真實恐懼的投射。這些非理性的恐懼是安全的，因為我們內心深處知道它們不會發生。這些恐懼只是替代品，是我們用來表達對明知不會發生的事情真實感受的一種方式。

當你發現自己陷入一個恐懼的迴圈，重複不斷地想到一些奇怪、隨機、不重要、只可能會發生一次的情況或境地，而這些情況或境地成為現實的可能性微乎其微時，請問問自己，在這些恐懼的感覺裡，有沒有哪些是跟自己真實的情緒有關聯。

舉例來說，如果你在搭車時感到焦慮，想一下自己的恐懼有沒有可能其實是「向前邁進」還是情況「已然失控」。或者如果你是擔心被開除，那麼你真正害怕的，可能是自己不配做其他工作，或是被主管羞辱。

如何解決

與其浪費你所有的精力，意圖控制自己不要去想那些最壞的情況，不如想想看，這個恐懼可能想要傳達的訊息是什麼？以及它是不是在跟你說，你在生活中有哪些沒有被滿足的需求？

如果恐懼是一個抽象的隱喻，那麼它的含意是什麼？突然失去收入的景象，是否象徵你對安全感的渴望？對未來的恐懼，是否象徵你現在活得不夠充實？做決定時讓你產生的焦慮是否象徵你知道自己真正想要的是什麼，但又不敢做出選擇？

我們最害怕之事的核心之處，其實藏了一個訊息。那個訊息源於我們的內在，它試圖告訴我們自己真正在意的是什麼。如果能夠知道自己想要保護的是什麼，我們就能夠找出更健康、更安全的方法去做到這件事情。

如何知道自己是否陷於自我破壞的循環中

即使你能夠從認知的角度去理解自我破壞行為，但有時最困難的轉變在於，意識到自己正在做出這些行為。

事實上，有時這些行為的跡象非常不易察覺，幾乎無法辨識出來，並且通常不會引起我們的注意，除非這些行為已經變得會產生巨大的問題，或是有其他人指出它們的存在。自我破壞的一些最顯著症狀如下：

☆ **相較於自己想要什麼，你更明白自己不想要什麼。**你把更多的時間花在擔心、沉思和專注於你希望不會發生的事情上，而不是設想、制定策略和計畫你要做的事情。

☆ **相較於把時間花在愛你的人身上，你把更多的時間耗費在試圖讓那些不喜歡你的人對你留下深刻的印象。**相較於把心力用在成為一個受到家人和朋友喜愛，並且無論在任何情況下，都會把親友放在首位的人，你把更多心力放在成為一個會讓你的假想敵感到妒忌的人。

☆ **你把頭埋進沙裡了。**你不知道自己生活中的基本事實，例如有多少債務，或者在你的職業領域裡，其他人從事類似工作的報酬是多少。一旦陷入爭執，你就會逃避，直到自己忘記，而不是談論問題在哪裡，並提出解決方案。換句話說，你處在否認的心態，因此就算你再想治好自我破壞行為，到頭來都會是徒勞無功。

☆ **你更在乎的是讓其他人相信你沒事，而不是實際上沒事。**你寧願發布讓你看起來玩得很開心的照片，也不願去想自己是否真的玩得很開心。你會花費更多精力說服每個人你做得很好，而不是誠實地跟那些可以幫助或支持你的人建立連結。

☆ **你生活裡的首要任務是受到他人的喜愛，縱使代價是犧牲自己的快樂。**你主要考慮的是自己的行為能不能幫你贏得「人們」的認同（順便問一下，這些「人們」是誰？），而不是這些行為是不是真的會讓你感到滿意和滿足。

☆ **相比於其他的事情，你更害怕的是自己的感受。**如果在生活中，你所面臨最可怕、最有害的事情，就是擔心自己是否能夠處理好自身的情緒，那麼阻礙你前進的人正是自己，而非他人或任何事物。

☆ **你盲目地追逐各種目標，而不問自己為什麼會想要這些東西。**如果你正在做的，是「你應該做的一切」，但在一天結束時，卻感到空虛和沮喪，那麼問題可能在於你並沒有做你真正想做的事情，只是採納了別人通往幸福的劇本。

☆ **你正在將自己的心理因應機制視為問題。**與其為了克服暴飲暴食、揮霍無度、好酒貪杯、沉迷性交——無論是任何你知道自己需要改進的地方——而試圖對自己發動戰爭，不妨問問自己，那件事情滿足了你什麼樣的情感需求。除非你這樣做，否則你將永遠與之纏鬥不休。

☆ **你更看重你的質疑，而不是你的潛力。**消極的偏見讓我們相信，「壞」的事物比美好的事物更真實。除非我們控制住這種思維傾向，否則它會讓我們相信，一切我們害怕成為事實的事物，都比實際存在的、美好的事物更加真實。

☆ **你試圖去關心每一件事。**你的意志力是有限的。一天只能擁有這麼多。與其用有限的意志力去努力做好每一件事，不妨先決定好什麼事情對你來說最重要。把注意力集中在這件事情上，其他事情就放手讓它們離開。

☆ **你正在等待別人為你打開一扇門、給予你認可，或者將你期待已久的生活交到你的手中。**

在成長過程中，我們總抱持著這樣的幻想：所謂的成功，只有那些最應得、最有才華或最有特權的人方能獲得。然而，在抵達了名為成功的彼岸之後，我們才發現，成功是由那些找到自己的興趣、熱情、技能和市場缺口之間交會點的人所建造的。再加上一點點的堅持吧，失敗的唯一途徑就是放棄。

☆ **你沒有意識到自己已經走了多遠。**你已經不是五年前的你了。你會隨著自我形象的發展而產生變化，所以一定要確保你的自我形象準確無偏差。給予自己掌聲吧！為了你所克服的一切從未想到過的困難，為了你所建立的你從未想過自己能夠建立的一切。你所走過的路，已經遠比你自己以為的還要遠。你離自己的成功，也遠比你自己意識到的還要近。

＝找出你的核心渴求＝

我們經常會經歷激烈的內在衝突或自我破壞，部分原因在於所謂的「核心渴求」，它本質上指的就是你生活的主要目標或想望。

你的潛意識渴求，基本上就是你最想要的東西，而你常常甚至意識不到它們的存在。你可以透過觀察那些讓你最糾結的事情和讓你最有動力的事情，來找出自己的核心渴求。如果能層層剝開自己對每一件事情背後的動機，你就會找到其根源。一旦找到所有事情的根源，你就找到了核心渴求。

除非知曉人們的核心渴求，否則你只會覺得他們不可理喻又難以捉摸。

舉例來說，如果一個人的核心渴求是感到自由，他們可能會發現自己為了實現這目標，而破壞自己的工作機會。如果一個人的核心渴求是感到被需要，那麼他們可能會發現自己處於一連串有著密切聯繫的關係中，但由於擔心情感的火花會「消褪」，因而拒絕做出各種承諾。如果一個人的核心渴求是掌控自己的生活，他們可能會對象徵失控的事情產生不理性的焦慮。如果一個人的核心渴求是得到他人的愛，那麼他們可能會在生活的某些方面，假裝自己很無助，因為如果他們不**需要**他人，他們就可能會被他人**拋棄**。

但最重要的是要明白，你的核心渴求實際上是對核心需求的掩飾。你的核心需求與你的核心渴求正好相反。你的核心需求也是找出你的**生命目標**的另一種方法。舉例來說，如果你潛意識中的核心渴求是掌控一切，那麼你的核心需求就是信任。如果潛意識中的核心渴求是被需要，那麼核心需求就是知道大家都喜愛你。如果潛意識中的核心渴求是被愛，那麼你的核心需求就是自愛。

你越少滿足自己的核心需求，你的核心渴求症狀就會越「吵鬧」。

如果你的核心需求是信賴感，並因此而渴求控制他人的話，那麼你越是不相信他人對自己的支持，你的負面心理因應機制就越會爆發出來。這種負面心理因應機制所採用的形式，可能是亂糟糟的飲食習慣、自我孤立，或是過度關注自己的外貌。如果你渴求自由，因此需要一種自主感，那麼你越是不按照自己的意願構建生活，就越是會破壞各種良好的機會，並且會在「應該」感到快樂的時候，只覺得筋疲力盡和疲憊不堪。

你越是將心力投注於滿足自己的核心需求，你的核心渴求症狀就會越少出現。

一旦你了解一個人真正想要的是什麼，就能夠解釋他們錯綜複雜的習慣和行為。你就能夠鉅細靡遺地預測出他們在任何特定情況下的行為。更重要的是，一旦你開始問自己真正想要的是什麼，就能夠停止跟核心渴求症狀鬥爭，並開始解決你生命中真正存在的唯一問題，那就是與你的核心需求並不一致的生活，這也就是你生命的核心目標。

面對壓抑的情緒並採取行動

理解自我破壞的原因，與不再進行自我破壞的行為，兩者之間是有所區別的。

也就是說，一旦理解了自我破壞行為的根源和目的，我們就會對其進行調整。我們會適應。要想克服自我破壞，不能只是理解你為什麼會阻礙自己，而是要能夠針對你的想望和需求採取行動，即便一開始會讓你覺得不舒服，或者會觸發你出現強烈的情緒反應。

這是過程中非常重要的一部分，因為你基本上要面對的，正是你一直試圖去迴避的各種情緒。

在停止了自我破壞行為之後，那些你甚至沒有意識到其存在的、被壓抑的情緒，就會開始湧現，你可能會感覺比以前還要糟糕。

克服自我破壞的關鍵在於，我們其實往往不需要別人告訴我們該怎麼做。我們知道自己想要做什麼，也知道自己需要做什麼。我們之所以受到阻礙，只是因為不敢去感受。為了解決這種情緒性的自我阻礙模式，可以透過以下方法找到更多的安逸、空間和自由，同時改變我們的生活。

在打斷自我破壞行為時，你最常會出現的各種情緒

你可能會遇到的第一種感覺是阻力。這就是那種普遍覺得自己「卡住了」的感覺，或者你

會覺得身體非常緊繃，幾乎可以說是「硬邦邦」的，就像你撞到了一堵牆一樣。這種感覺通常是一種掩蓋用的情緒，讓你無法真正意識到在它之下更為強烈的感受。

在開始感覺到阻力以後，千萬別只想著要「克服它」。事實上，如果這麼做的話，你只會不斷去衝撞已經撞上的那堵牆。你將會強化自我破壞行為，因為你其實不是在解決問題，而只是試圖凌駕其上。

相反地，你要開始提出正確的問題。

我為什麼會有這種感覺？

關於我正在嘗試採取的行動，這種感覺試圖告訴我什麼？

這當中有什麼我需要去學習的嗎？

我現在需要做些什麼來滿足自己的需求？

然後，你必須重新連結你的心之想望或人生願景。弄清楚自己**為什麼**要採取這個行動，並做出改變。如果你的動機是想要過不同的、更好的生活時，你會發現很多阻力都會消失，因為你被一種比恐懼更強大的願景所推動。

在其他情況下，你可能會面臨其他的情緒，例如憤怒、悲傷或信心不足。當這些情緒浮現時，非常重要的一個做法就是給它們一些空間。也就是說，你要允許這些情緒在你的體內壯大，並且觀察它們。觀察它們讓你身體的哪些部位緊繃或收縮。去感受它們想要讓你感受到的東西。沒有什麼比害怕去感受這些情緒更糟糕的了，因為這種體驗本身最終往往只是一些身體上的緊繃感，而我們卻在這種緊繃感旁邊繞啊繞的，為它編出了一個故事。

請記住，這些情緒多數可能源自與自我破壞行為相關的事物。如果對父親或母親對待你的方式感到憤怒，那麼毫不意外地，你之所以會破壞人際關係的核心感受，就是憤怒和不信任。與自我破壞相關的情緒，通常都不是缺乏關聯性的。事實上，這些情緒可以引導我們更深入地了解自己真正需要什麼，以及內部尚未解決的那些問題。

一旦意識到這些感受之後，要想完全釋放它們，可以嘗試給自己寫一封信。寫給年輕的自己；或者從未來的自己的角度出發，去寫給現在的自己。寫下一句口號或宣言。提醒自己，你實在太愛自己了，因此不能滿足於匱乏的現狀，或是寫說，如果遭遇到不公平或令人沮喪的情況，你當然有資格憤怒。給自己一些空間，去體驗自己的情緒有多強，這樣它們就沒有辦法控制你的行為了。

切斷行動與感覺的連結

克服自我破壞的最後一課，同時也是最重要的一課，就是學會把行動和感覺分開。我們在生活中受阻，並不是因為沒有能力改變。我們之所以裹足不前，是因為**不想**改變，所以才沒有改變。

事實上，你可以有自己想要的願景，並清清楚楚地知道那就是你想要的，但就是不想採取必要的行動，去走上這條追尋之道。

這是因為我們的感覺系統基本上是設定為追求安逸。只要我們現在所做的事情，就是一直以來都在做的，也就是相當熟悉的事情的話，我們的感覺系統就會產生出「正面」的感受。而我們的身體就把這種感受定義為「安全」。除此之外，我們之所以對某些成就和改變感到萬分的喜悅，正是因為認為這些成就和改變，能夠帶給我們更多的安全感。如果某項成就有可能讓我們置身於任何的風險中，或是會讓我們因而需要接觸到一些不熟悉的事物，那麼即便這項成就對我們的人生來說只有好處沒有壞處，在一開始要去追求該項成就時，我們的心情絕對不會是愉悅開心的。

不過，我們其實可以訓練自己，讓我們更喜歡對自己有益的行為。這也就是我們擴張舒適圈的方法。我們總會渴望去做重複的事情，但在做該件事情的頭幾次，往往會感到不舒服。訣竅在於能夠克服最初的猶豫，從而用邏輯和理性來引導自己的生命，而不是把生命交託給情緒化。

儘管你的情緒感受總是合情合理的，也需要被自我所接納，但你很難用它們來準確衡量你在生活中的能力。情緒並沒有辦法隨時準確地反映現實。你所有的情感都只知道你過去做了什麼，而情感都依附於能讓它們覺得安心的事物。

你可能覺得自己一文不值，但絕對不是如此。你可能覺得生活裡沒有任何希望，但希望絕對存在。你可能覺得好像每個人都不喜歡你，但這極可能只是誇大其辭。你可能認為每個人都在評判你，但這其實只是你的誤解。

最重要的是，你可能會覺得自己**無法**採取行動，但實際上一定可以採取行動。你只是缺乏去做的意願而已，因為你還不習慣。

透過使用邏輯和願景來引導自己，我們就能夠找出一種截然不同的、更美好的生活體驗。只要在腦海中想像這一切，我們就會感到平靜而受到鼓舞。為了迎接這樣的生活，我們必須克服源於自身的阻力和不適。無論這些行為對我們來說是多麼「理當去做」，在**初初著手**之時，我們都不會感受到絲毫的快樂。

你必須學會在自己陷於躊躇之際，就先一步採取行動。採取行動可以形成動力，創造動機。這些感覺不會自然而然地來到你的身上，你必須去產生出這些感覺。你必須激勵自己，必須向前邁進。你必須要什麼也不去想，就是動手去做，然後讓你的生命和活力重新調整方向，讓自己喜歡上那些能推動你的生活往前進的行為，而不是那些讓你裹足不前的行為。

Chapter

3

那些令我們不適的事物，將引領你走向自由大道

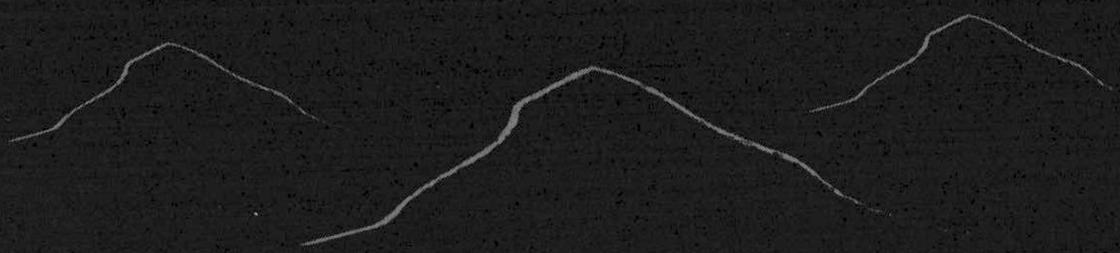

既然你已經能夠發現自己的自我破壞行為，那麼就可以利用它們來揭開更深一層也更重要的真相，那就是你是一個什麼樣的人，以及你對生活真正想要和需要的是什麼。

這是整個過程中很重要的部分，因為如果想要克服那些不利於自己的習慣，那麼光是知道它們的模樣，或是為什麼會有這些習慣，依然是不夠的。這也是為了要能夠更瞭解我們的內在需求是什麼、真正渴望的是什麼，以及如何以此為支點，開始建立一種新的生活，這種生活將更貼近於我們的真實自我和使命。

那些令我們不適的事物之所以存在，其實並不只是為了要讓我們知道自己體內儲存了哪些還沒有解決的苦痛。事實上，它們還能讓我們看見更深層的東西。

我們經歷的每一種「負面」情緒，都伴隨著一個訊息，一個我們還不知道如何去解讀的訊息。這就是單次的考驗開始變成慢性問題的原因。由於無法尊重和利用該種情緒的指引，於是我們將這種感覺封閉起來，將其儲存在體內，並試圖避免任何可能再次喚醒這種感覺的事情。如此一來，我們會對周圍的世界變得敏感，因為有很多被壓抑的情感正在醞釀。

從表面上來看，似乎那引發我們情緒反應的東西，才是問題所在。其實不然。問題在於我們不知道該如何處理自己的感受，因此我們並不具備自己所需的所有情緒處理能力。

只要我們能夠知道，為什麼某些事情會觸發我們的情緒，就可以將這樣的經歷當作一種催化劑，讓我們的情緒得到釋放，讓生活變得積極而正面。

如何解讀負面情緒

雖然能夠觸發每個人不適情緒的因素都是獨一無二的，但更深入地理解某些我們深惡痛絕的情緒功能，絕對有益處。

如果想要更理解自己的不適，那麼對我們來說，一些與自我破壞行為最密切相關的情緒，其實相當重要。我們所要做的，並不是單純地「克服」它們，而是要去聆聽它們，聆聽它們試圖要跟我們說些什麼，聆聽它們對於我們的經歷有什麼看法。

憤怒

憤怒是一種美麗的、能帶來轉變的情緒。它因自身的陰暗面，也就是攻擊性而被誤解，使得我們因此試圖壓抑它。

憤怒是健康的，憤怒也能讓我們看見自我一些重要的面向，包括真實的自我，以及我們在乎的是什麼。舉例來說，憤怒會讓我們看見自己的底線在哪裡。憤怒還能幫助我們認清自己認為不公正的事情。

終歸來說，憤怒是在試圖讓我們動起來，採取行動。憤怒能夠帶來轉變，它往往是我們在真正改變自己的生活之前會達到的極限狀態。這是因為憤怒不是為了投射到別人身上。相反地，憤怒是一種動力的湧入，幫助我們改變生活中需要改變的事情。如果不是用這樣的角度看待憤怒，我們就會把它深埋心底，永遠也無法解決手頭的真正問題。這種情況下，憤怒就會轉變為攻擊性——我們會把這種能量發洩到周圍的人身上，而不是把它作為改變自己的動力。

我們不必害怕憤怒，而是可以利用它，來幫助我們更清楚地看到自己的局限和重視。我們也可以運用憤怒，來幫助我們為自己和周圍的世界做出重大的改變。

悲傷

失去摯愛之物時，悲傷是正常而正確的反應。

這種情緒往往在經歷失望之後浮現。失去也可能會導致這種情緒的產生，可能是失去了一段感情、一份工作，或只是失去了對生活的美好期許。

唯有當我們不允許自己經歷自然而然的悲傷階段時，悲傷才會成為問題。悲傷不會一股腦兒就全部釋放出來。事實上，我們經常會發現悲傷是一波接著一波而來的，有些會在我們意想不到的時候突然而至，讓我們措手不及。

我們永遠不需要因為哭泣的需求、情緒低落或懷念不再擁有的東西，而感到尷尬或犯了錯。事實上，在適當的時候哭泣，是表示具有強大精神力量的重要指標之一，因為處於泥沼中的人，往往會發現很難釋放掉自己的情緒，也很難露出自己脆弱的一面。

內疚

我們會覺得內疚，多半是因為自己沒有做的事情，而非自己真的做了的事情。事實上，那些因內疚而最感痛苦不堪的人，其實都沒有犯下什麼可怕的罪行。犯下滔天大罪的人，往往不會感到太多悔恨。事實上，你因為自己可能做了對不起別人的事情而感到難過，這本身就是一個好跡象。

然而，內疚會要求我們深入審視自己的所作所為中，有沒有哪些是不好的，以及我們有沒有可能做了哪些對自己沒有半點好處的事情。如果我們對待他人的態度並不公允，那麼我們必須要能夠承認、道歉並改正這種行為。但是，如果自己的內疚是比較籠統的，與任何事情都無關的話，我們就需要仔細看看，是誰或什麼事情，讓我們總覺得自己「做錯了」，或給別人帶來了困擾。

內疚通常是我們從童年時期起，就擁有的一種情緒。而後每當覺得自己是周遭他人的負擔時，我們就會將這種情緒投射到當下的情境中。

丟臉

每當知道自己剛剛做出了無法引以為傲的行為時，我們就會感到丟臉。別人就算再怎麼努力想讓我們覺得丟臉，其程度也永遠比不上我們因自身的行為而感受到的丟臉那麼強烈。只要你能夠全然而真心地相信自己正在盡最大努力去做好眼前的事情，你就不會總是感到丟臉了。不過當然，別人的評價或想法仍會讓你不好受，但只要我們接納自己，並且為自己的行為感到自豪，那麼即便他人的批判嚴厲無比，通常也會失去其威力。

羞愧是丟臉的陰暗面。在這種情況下，原本自然而偶有的、覺得自己很丟臉的情緒，就會產生轉變，使我們徹徹底底認為自己是一個可恥的人，並開始認為自己毫無價值、一無可取。

如果我們不去處理丟臉的感覺，它往往會變成更加黑暗的東西。

嫉妒

嫉妒是一種掩飾性的情緒。它表面上看起來是憤怒或批判，實際上則是悲傷和對自己不滿。

如果你想知道自己在生命中真正想要的是什麼，不妨看看那些令你感到嫉妒的人。不，你可能並不完全想要他們所擁有的東西，但你所體驗到的感覺是憤怒，因為他們允許自己去追求夢想，而你卻沒有這麼做。

如果我們是把嫉妒心用來評斷他人的成就，那麼我們就會陷入嫉妒的陰暗面。但如果我們是把嫉妒心用來讓自己看見想要完成的事情，那麼我們就會開始意識到自我破壞的行為，同時也能幫自己做好準備，以把心力投入到真正渴望的事情中。

你可以這樣想：看到他人擁有我們真正想要的東西，而我們卻壓抑了追求同一件事物的想望時，我們就必須譴責他們，這樣才能證明自己的行動是正確的。反過來想，我們其實可以在自己的嫉妒中，看到我們也想要創造的事物。

怨懟

我們之所以會怨懟他人，通常是因為對方沒有達到我們心中對他們的期望。從某個角度來說，怨懟就像是遺憾的投影。怨懟不是在試圖告訴我們，**自己**應該做出什麼改變，而似乎是想讓我們知道**他人**應該做出什麼改變。然而，其他人並沒有義務去達到我們對他們的要求。事實上，我們唯一的問題在於，自己有一個不切實際的期望：別人的言行應該完全符合我們的期望，或者他們應該要完全按照我們所想像的那樣去愛我們。

面對怨懟的情緒時，不管這個對象是我們身旁的人，或是那些我們認為對方曾經傷害過我們的人，我們必須要去做的，是重新形塑自己對他們的印象。其他人的存在價值，並非給予我們完美無瑕的愛；他們是來幫我們上課的，他們是來讓我們知道如何用更好的方式去愛他們——以及愛我們自己。

如果能夠釋放掉「他們應該是要怎樣怎樣」的想法，我們就能看到他們的真實面貌，看到他們在我們生命中應當扮演的角色。與其把注意力放在他們應該要做出什麼改變，我們可以把注意力放在自己能夠因此學到什麼。

═後悔═

就像嫉妒一樣，後悔也是我們傳達訊息給自己的另一種方式。它所傳達的並非希望自己過去應該怎麼做，而是從現在開始我們絕對需要去做的、具有創造性的事情。

事實上，相比於自己因為做了某事而後悔，多數人更感後悔的，是那些自己**沒有**去做的事情。這件事並不讓人意外。後悔其實並不只是讓我們因為沒有達到自己的期望而感到難過。後悔是想要激勵我們在今後的生活中不要去辜負自己的期望。後悔想要告訴我們，哪些是未來絕對必須要改變的，以及在生命結束之前，有哪些事情是我們真心在意並想要經歷的。

年輕的時候沒有出去旅行過嗎？後悔告訴你，現在就該去旅行。過往的穿著打扮都沒有自己想要的那麼好看嗎？後悔告訴你，應該要更努力去嘗試。以往做出的決定沒有反映出你最優秀的一面？後悔告訴你，現在應該做出不同的選擇。曾經擁有某人，卻沒有好好去愛對方？後悔告訴你，現在應該要懂得去感激別人。

長期的恐懼

就算擺脫不了一次次浮現腦海的恐懼思維，也並不總是表示我們面臨實際的威脅。這通常是因為我們內部的心理反應系統發育不夠健全，或是因為創傷而失去作用。

處於恐懼思維的狀態時，我們害怕什麼並不重要；這樣的思考過程將伴隨著我們，從一個問題到下一個問題。這樣的恐懼思維裡，通常藏著一個象徵。舉例來說，我們恐懼的東西，可能是徹底的「失去控制」，或某種外來力量會介入並破壞我們的進展。

無論如何，長期的恐懼思維往往可以歸因於，我們覺得有必要將精力和注意力集中在潛在的威脅上，從而保護自己免受其害。我們會想像，如果對這個東西感到擔憂、焦慮或憤怒，那麼它就會停留在意識中，沒辦法嚇我們一跳。我們就可以藉此對它保有一定程度的控制。

將這些可怕的想法保留在腦海中的行為，正是恐懼一開始得以控制我們的方法。它正在破壞我們**現在**的生活，因為我們正在把精力投入到自己無法控制的事情上，而不是把精力用在實際能夠控制的事情上——也就是那些真的能夠推動生活往前進的習慣、行動和行為。

從這個意義上來說，我們所害怕的，是已經發生的事情的投射。

真正能夠克服長期恐懼的唯一方法，就是親身去經歷。我們可以學著單純地聳聳肩，並且說：「**如果那件事情真的發生了，那就發生吧**。」而不是試圖對抗、抵抗和逃避那些我們無法控制的事情。一旦我們能夠聳聳肩、笑一笑，甚至只是舉起雙手說：「不管發生什麼事，事情總是會過去的」，我們就能立刻收回自己的所有力量。

讓恐懼之火熊熊燃燒的原因是，如果我們接受自己所害怕的事情，就會屈服於最嚴重的潛在性結果。但其實如果我們不再害怕自己無法控制的事情，並且知道能夠對生活造成最大破壞的，莫過於**自己**那些消極、心煩意亂、非理性的思維和關注，我們就徹底地解脫了。

一旦我們能夠完全接納，恐懼就會離開我們的意識，成為一個無關緊要的問題。而也就是在這樣的時候，我們才會意識到，恐懼其實一直存在。

＝我們內在的各種引導系統會不斷發出低語，直到它們被迫大叫＝

現在最困擾你的事情，並不是外在那些力量毫無來由地就是想要折磨你。折磨你的人，其實是你自己，因為你的心靈發現你的生活確實可以修補、改變，進而轉變。如果你繼續不採取行動，警報聲只會越來越響。如果你永遠也學不會傾聽，那麼你很可能就會跟它脫離關係，然後成為它的受害者。

你已經有了答案。你已經知道自己現在要做什麼。你要創造出一切，讓自己比想像中更快樂。問題只在於你要讓心靈安靜下來，這樣就能感受到自己莫大而無限的潛能，這些潛能正在懇求你去發揮它們。

其實根本沒有自我破壞這回事，因為你認為阻礙自己的那些行為，其實只是在滿足你自身的需要。重點並不在於你要試著跨越這些自我破壞行為；重點在於你要看清這些行為背後的本質，然後找到更好、更健康的方式，去滿足它們的需求。

儘管在我們所生活的時代，人們通常會告訴我們，應當要完全自立自主，而想要或需要另一個人的存在、認可或陪伴，則是自我匱乏的標誌，但這並不是人類的準確寫照，也嚴重忽略了人性和人際關係的現實。

雖然很多人都處在依賴關係中，從而過度地需要透過他人，來讓自己獲得安全感跟自我價值，但相反的情況——認為自己不需要任何人或任何事，凡事都可以靠自己——也是不健康的。它們是同一種創傷的兩種相反呈現，即不信任和無法與他人產生連結。

你需要被認可的感覺是合理的。

你需要感覺到另一個人的存在是合理的。

你需要感到被喜愛是合理的。

你對安全感的需求是合理的。

在通常的情況下，我們之所以會開始忽視自己的基本需求，首先是因為我們認為擁有這些需求，是一種軟弱的表現。我們之所以會這麼認為，是因為在年輕的時候，幾乎不得不完全仰賴他人，來滿足我們的基本需求。到頭來，這樣的關係讓我們失望了，因為他人無法完全滿足我們，而他們也不對此負責。長大以後，我們學會了自立自主。事實上，依靠自己來滿足基本需求，是一個人成長過程中的重要部分。

不過同樣地，我們也必須意識到，不可能僅靠一己之力，就滿足自己的**每一個**需求。人類生來就會想要與他人和群體建立連結。這就是為什麼我們會成為社區和家庭裡的一分子。一般來說，在為大眾服務時，我們會覺得最快樂和最有成就感。這是我們最基本也最健康的一部分，並非軟弱的表現。

除此之外，你對經濟所帶來的安全感的需求是健康的，這種需求並非總是表示你貪得無厭或居心不良。你對於所做的工作需要獲得他人的認同是健康的，而且這種需求並非總是表示你愛慕虛榮。想要在一個自己喜歡的空間和區域生活的需求是健康的，而且這種需求並非總是表示你不知足或不知感恩。

你的潛意識在試圖跟你溝通

在我們自我破壞的行為中，蘊藏著不可思議的智慧。它們不僅能告訴我們是如何以及因何而受到創傷，還能告訴我們自己真正需要的是什麼。每個自我破壞行為中，其實都蘊含著一把開啟它的鑰匙，前提是我們要先能夠理解它。

以下是幾個簡單的例子，說明潛意識如何透過你的行為，來與你溝通。

你的自我破壞方式：回到那個在關係中讓你崩潰的人身邊。你跟對方之間可能只有柏拉圖式的純感情，但最常見的情況是前任戀人。

潛意識可能想讓你知道：或許是時候回頭去檢視你童年時期的各種人際關係了。如果發現傷害過你的人身上，帶有某種安撫或迷人的地方，通常背後都有其原因。

你的自我破壞方式：會去吸引那些心靈破碎不堪，因而無法真正做出承諾的人。

潛意識可能想讓你知道：你的心靈並沒有支離破碎到找不到一個真正想要你的人。一旦你意識到自己值得他人的承諾，就會開始去選擇能做到這一點的伴侶。

你的自我破壞方式：即使什麼問題都沒有，也會感到不快樂，而且實際上，你已經得到了生活中想要的一切。

潛意識可能想讓你知道：你很可能希望外在的事物能讓你感到愉悅，而不是仰賴改變自己的思維和關注。任何外在的成就，都不會給你帶來真正而持久的內心平靜感，而儘管你已取得了諸多成就，但心靈上的不適，正在呼喚你去留意這件事情。

你的自我破壞方式：把人都推開。

潛意識可能想讓你知道：你太希望別人愛你、接受你，以至於這一切的壓力讓你將自己與這種痛苦隔離開來，有效地創造出你試圖避免其發生的現實。另外，過於頻繁地需要獨處，通常表示你假裝的自己和實際的自己之間存在著差異。如果你在生活中的言行能夠更真誠，那麼人們就會更容易圍繞在你的身旁，因為跟這樣的你相處比較不費力。

你的自我破壞方式：自然而然地相信自己的想法和感覺都是真的。

潛意識可能想讓你知道：你想要去擔憂，因為這麼做會讓你覺得放心，因此也更安全。你越是盲目地相信閃過腦海的每一個隨機的想法或感覺，就越會被周圍發生的事情所左右。你必須學會用清晰明確、真實不假和腳踏實地來穩住自己的心神，並能夠在頭腦中辨別什麼是對你有益的、什麼是對你無益的。

你的自我破壞方式：明明不想，卻吃得非常不健康。

潛意識可能想讓你知道：你做得太多了，或者你沒有給自己足夠的休息和營養。你太極端了。這就是為什麼你的身體需要你繼續給它養分。另外，也可能是你在情感上感到飢餓，並且因為沒有讓自己去經歷你渴望的真實體驗，所以你正在用另一種方式去滿足你的「飢餓」。

你的自我破壞方式：明明知道去做某件事情，就可以幫助自己的事業發展，卻怎麼也不肯去做。

潛意識可能想讓你知道：你可能並不像自己想像的那麼清楚知道自己想做什麼。如果生活停滯不前，背後一定有原因。與其一次又一次嘗試突破，但又不斷地碰壁，不妨退後一步吧。也許是時候重整旗鼓、重新制定策略，或是認真地思考，自己為什麼要嘗試採取現在的這些方法。有些事情需要改變，而且光是只有積極性很可能是不夠的。

你的自我破壞方式：過度工作。

潛意識可能想讓你知道：你不必去證明自己的價值。但是，你的確必須停止逃避獨處時腦中有著千百種思緒所帶來的不適感，這往往是人們過度工作的原因。熱衷於某件事情和覺得自己有義務超越其他人是不同的。一種心態是健康的，另一種心態則不怎麼健康。

你的自我破壞方式：太在意他人的看法。

潛意識可能想讓你知道：你並不像你想像的那麼快樂。你對某件事情感到越快樂，就越不需要其他人來認可你這樣的感覺。與其糾結於別人是否認為你夠好，不如停下腳步問問自己：**這樣的生活對我來說夠好嗎？**當你不再透過別人的眼光去看待自己的生活時，你對自己的生活的真實感受是什麼呢？

你的自我破壞方式：花太多錢。

潛意識可能想讓你知道：物品不會讓你更有安全感。你無法透過購物，來獲得新的生活或身分。如果你經常超支或入不敷出，而且情況已經嚴重到對自己有害的話，那麼你需要審視購買或購物的作用是什麼。是為了讓自己分心嗎？是某種嗜好的替代品嗎？抑或是沉迷於某種「煥然一新」的感覺呢？確定自己真正的需求是什麼，然後再決定下一步該怎麼做。

你的自我破壞方式：沉湎於往日的戀情，或不斷確認前任們的情況。

潛意識可能想讓你知道：這段感情對你的影響，比你自己認為的還要大。這段關係的結束，對你所造成的傷害，比你自己承認的還要大，所以你需要好好處理。你對這個人仍然抱持著興趣，表示在這段關係中，還有一些事情沒有解決，很可能是某種了結，或是某種接受，你必須自己找出答案。

你的自我破壞方式：會選擇去跟那些總是讓你覺得好像在跟他們競爭的人交朋友。

潛意識可能想讓你知道：想要感受「高人一等」的心態，其實無法取代跟他人建立關係的情感需求，但我們卻經常這麼做。我們之所以會這麼做，並不是因為真的想要成為人中龍鳳，而是因為想讓自己看起來有價值、受重視。我們想要的其實是真誠的友誼，想要感覺自己對他人來說很重要，但是讓他們感到自卑，卻沒有辦法幫你實現這個目標。

你的自我破壞方式：有一些自我否定的想法，在阻礙你去做自己想做的事。

潛意識可能想讓你知道：一開始就對自己刻薄，並不會減輕他人對你的評價或拒絕帶來的傷害，即便這正是你用這種防禦機制的原因。把自己想得非常糟糕，是一種試圖讓自己麻木的方式；你真正害怕的，是別人會說你的壞話。你沒有意識到的是，這樣做是在欺負自己，與自己為敵。別人的評價會對你的現實生活造成什麼影響呢？老實說，它可能會阻止你追求夢想、抱負和個人的幸福。而一旦你執著於那些有害的想法，那麼你在做的事情跟上述無異。是時候放過自己了。

你的自我破壞方式：不以積極的態度去推廣自己的作品。

潛意識可能想讓你知道：你沒有創作出自己最好的作品，而你自己心知肚明。你之所以猶豫不決，是因為害怕別人的評價，但如果你沒有先評價自己，這種恐懼就根本也不會存在。你必須創作出能讓自己引以自豪並樂於跟他人介紹的作品。有一天，如果你能以積極、自然、真摯的態度去介紹這些作品，並進而使得自己的事業或工作獲得成長時，你將會知道，你已經發揮出自己最大的能力或潛力。

你的自我破壞方式：認定或擔心某事與自己有關，但事實並非如此。

潛意識可能想讓你知道：你太常想到自己了。別人的生活不是繞著你在轉的，他們的想法也不是。他們的心思都在自己的身上，就像你一樣。請記住，雖然你的行為造就了自己的生活中會出現的各種事情，但如果每當有人超你的車，就想像對方是在對你進行人身攻擊的話，你就是嚴重地作繭自縛，因為你永遠都會是某件事情的受害者。

你的自我破壞方式：住在一個你聲稱並不喜歡的城市或小鎮。

潛意識可能想讓你知道：家是你創造出來的，而不是你找到的。問題出在你搬不了家，還是你根本不願意搬家？我們之所以會留在同一個地方，通常背後都是有原因的。那裡有我們喜歡的東西，也是我們想要度過一生的地方。之所以會產生排斥的想法，是因為在想像中，如果其他人知道我們沒有住在最酷、最大、最棒的區域，他們可能就會對我們有負評。你可能還擔心他人會認為你的生活過得不夠「積極進取」。事實上，批判你的人是**你自己**，而你需要跟自己的這種想法和解，或者對於自己選擇住在這裡的原因感到自豪。

你的自我破壞方式：毫無意識地瀏覽社群媒體，藉此打發時間。

潛意識可能想讓你知道：這是麻痺自己最簡單的方法之一，因為這件事輕而易舉，而且還會讓人上癮。以健康的方式使用社群媒體，跟把它當成一種內在的心理因應機制，兩者之間有著天壤之別。在多數情況下，你可以用自己使用完畢之後的感受去判斷。如果放下手機後，沒有覺得受到啟發或感到放鬆的話，那麼你很有可能在試圖迴避某種內在的不適感——而你卻有可能正需要這種不適感，來告訴自己需要改變。

再次學習去聆聽內在的訊息

既然你已經開始留意來自內在的線索，那麼了解如何傾聽自己的心聲，並且即時回應，就顯得尤為重要。

你之所以會陷入現在的困境，就是因為不知道如何理解或滿足自己此刻的需求。如果你不想要不斷「修正」自己的選擇和行為，那麼你就必須學會如何在第一時間消化並解讀自己的感受。想要做到這一點的話，可以透過一系列的流程，來培養自己的情緒智商，而我們主要將在下一個章節完成這件事。不過呢，我們要先踏出第一步，也就是明白如何聆聽自己的直覺。

如何在不懼怕未來的情況下，跟隨自己的「第六感」

當代智慧最基本的原則之一就是，在內心深處，你知道生活中的一切真相，進而也知道你的未來。這種觀點認為，你就是自己的神諭，你的感受不僅可以洞察現在正在發生的事情，而且還能因此知道即將發生的事情。

我們不應該因為相信這一點，而受到責備。有大量的研究證明，我們的大腦和身體的相互關聯性，從而解釋了為什麼當我們有「第六感」，或說是某種比邏輯思維更快速的直覺出現時，它往往都會是對的。

這是因為消化系統內壁發揮「第二大腦」的作用，因為它可以儲存大量的資訊。而說到要調出這些資訊的速度，你的意識實在比不上身體的感知。正是這種不可思議的本領，使得你的直覺幾乎總是正確的。

不過，縱使你的「第二大腦」如此聰明，還是沒有厲害到通靈的地步。

如果你想更了解自己、追隨你的心、追隨你的熱情、找到你的靈魂——無論那是什麼——首先要明白的是，你的「直覺」只能對當下發生的事情做出反應。如果你對還沒發生的事情有一種「感覺」，那麼你就是在投射。

你可以把這個當作一個出發點，來拆解自己的各種「直覺」。你是在回應面前的這個人，還是在回應自己想像中的他們？你是基於此刻正在發生的情況做出反應？或者你反應的對象是自己的想像，因為你假定自己知道事情將會如何演變？你的情緒是源於此時正在發生的情況，抑或是你希望或擔心未來會發生的情況？

除了只能在當下真正發揮作用之外，你的直覺通常都很安靜。它只會發出小小的聲音……真的真的很小。

它不會尖叫。它不會驚慌失措。它不會用腎上腺素去刺激你的身體，想引起你的注意。它不是憤怒。它是至暗時刻來臨時湧現出的一股清澈流水，流水裡有個聲音告訴你：**一切都會沒事的。事情沒有你想像的那麼糟糕，沒事的。**

你的直覺會讓事情變得更好，而你的想像往往會讓事情變得更糟。但這常常讓人感到很困惑，因為哪些感覺是你的直覺？哪些感覺又是你的恐懼、懷疑或受限的想法呢？我們該如何區分？

其實，你的直覺不真的是感覺，而是回應。

如果你發現自己在和某人相處一段時間之後特別疲憊，或者覺得再也不想見到這個人，這就是你的直覺。如果你所做的工作讓你筋疲力盡、每一分每一秒都是強打起精神、苦不堪言，這就是你的直覺。直覺不是一種感覺（你不會「直覺」地認為自己今天很悲傷）。直覺就是不假思索地讓自己迅速脫離危險。

你要記住，自己的每一個感受雖然都是合理的，卻經常不是真實的。它們並沒有辦法總是準確地呼應現實情況。然而，它們卻總是能夠準確地呼應我們的想法。我們的想法會改變我們的感受。我們的想法不會改變我們的直覺。你自然而然地會趨向什麼或遠離什麼，這就是你的直覺。這不是你的感覺或解讀，而是你自然而然的行為。

當人們聊到利用自身的直覺來創造自己喜愛的生活時，他們的意思就是：直覺正在小小聲地告訴他們，他們最喜歡做什麼事情，而他們也遵循直覺的引導。有時候，直覺會讓你走上自己的藝術追尋之路，即便這麼做會讓你感到不舒服和抗拒。

有時候，直覺會促使你繼續努力維持一段關係，即便這麼做很困難。

直覺的存在價值，並不是為了確保你能夠整天無時無刻不感覺到舒適和欣喜。直覺會讓你朝著自己的目標前進，因為它會告訴你，你的興趣、能力和渴望會在哪裡找到交會之處。

☆直覺和恐懼可能會讓人產生一種類似的感覺

相信你的直覺，但不是把它當作神諭。

一旦你把直覺當成神諭，問題就大了。我們不僅會盲目地相信任何浮上心頭的感覺，而且還賦予其能夠解讀未來的意義，並假定我們感受到的一切，其實都在警告我們，或是讓我們知道未來會發生什麼事情。

讓我們來解釋一下為什麼會出現這種情況，以及如何防止它毀掉你的生活。

感覺不會告訴你如何做出正確的決定。

正確的決定會產生正確的感覺。

感覺並不是用來指引你一生的，頭腦才是。

如果傻傻地遵循自己的每一次衝動，你就會完全陷入困境、故步自封，可能會死掉，或者至少會陷入嚴重的困境。但你不會這麼做，因為大腦能夠干預，並引導你如何做出選擇，以擁有你想要長久感受到的美好體驗。

如果你可以調整自己的狀態，每天重複去做那些能夠促進清晰、平靜、健康和目標明確的行動時，你就會開始在生活中體驗到平靜和快樂的感覺。如果反其道而行，就不可能。

如果你想掌控自己的生活，就必須學會整理自己的感受。通過覺察到它們的存在，就可以往回追溯促使它們產生的思維過程，並由此判斷這種想法究竟是實際的威脅或擔憂，還是你的爬蟲腦為了讓你活下去而編造出來的。

請記住：你的大腦是為了大自然而生的。你的身體是為了在野外生存而設計出來的。你以動物性的形態，試圖駕馭這個有著高度文明的現代世界。體諒自己有這些衝動，同時也要明白，你的選擇權最終握在自己的手上。你可以有感覺，但不一定要據此採取行動。

☆那為什麼一開始，還要告訴我們「聆聽直覺」呢？

你的腸道與你的頭腦緊密相連。腸胃系統與大腦血清素的分泌之間，存在著生理上的連結。你的迷走神經從腸道一直延伸到大腦，是能幫助你的身體系統進行調節的通訊設備。

基本上來說，你的胃部和你的思想是相連的，這就是為什麼人們會提到，他們的「內心深處」就是知道有事情要發生了。或者解釋說，每當他們心煩意亂，「胃就會不舒服」，或是某件事情讓他們「腸子怪怪的」。

但人們沒有注意到的是，聆聽直覺是種只發生在當下的事情。你不可能對未來事件有一股直覺，因為它還不存在。你可能有基於恐懼或記憶的反應，並將這種反應用來預測未來，但事情在你面前發生之前，你不可能僅憑直覺就知道關於另一個人或未來事件的事情。

要想對某人有「一種感覺」，那也是得在你跟他們互動過之後。要想知道一份工作適不適合你，那也是得在做了一段時間之後才知道。

問題在於，我們試圖把直覺當作算命機制，我們的大腦以這種創造性的方式，試圖去操控身體，來幫助我們避免痛苦，並增加未來的快樂。但事實並非如此。我們最終會陷入困境，因為我們真的相信了自己所感受到的每一件事，而不是去分辨哪些是真實的反應，哪些又只是自己的預測。

明白直覺與恐懼之間的差異

首先，也是最重要的一點是，要明白你的直覺在當下能為你提供巨大的幫助。你對某件事情的第一反應，往往也是最明智的反應，因為你的身體正在利用你記錄下來的所有潛意識資訊，在大腦有機會做出第二判斷之前，先告訴你一些事情。

要利用這一點，你可以在事情發生的當下問問自己，在此時此刻，有什麼是真實的。在面對另一個人、活動或行為時，有什麼是真實的？在面對某件事情時，你內心深處的直覺是什麼？

如果你只是去想像、猜測、回憶其細節，或去想像後續的發展，那麼這樣的想法跟感覺，是否跟上面所形容的不一樣？通常來說，這些預測源於恐懼，而你當下的反應則是值得仰賴的直覺。

整體來說，你那值得仰賴的直覺，不會嚇得你驚慌失措。即便告訴你有件事情不適合你去做時，你的直覺也總是幽微而溫和的。如果直覺想要讓你知道，不要去見某個人，或停止某段關係或行為，那種衝動會是平靜的。這就是為什麼它被稱為內在的「小小聲音」。如此容易被忽略。如此容易聽不見。

輕柔的直覺與侵擾的思維

開始聆聽自己之後，你可能會發現，想要區分哪些想法是有益而直覺的，而哪些想法又是有害而侵擾的，相當困難。它們的功能都很相似——即時、反映現況，以及可以提供某種以前從未見過的洞察力——但在實際運用時，兩者的功能卻截然不同。

你可以透過以下的方法，學習區分直覺的想法和恐懼的想法之間的差異：

- 直覺的想法是平靜的。侵擾的想法令人忙碌而恐懼。
- 直覺的想法是理性的，而且一定程度上是有理可循的。侵擾的想法是非理性的，通常源於誇大情況或妄下最壞的結論。
- 直覺的想法能在當下對你提供幫助。它們所提供給你的資訊是必要的，能幫助你做出更明智的決策。侵擾的想法通常是忽然冒出來的，與當下發生的事情無關。

• 直覺的想法是「安靜的」。侵擾的想法是「大聲的」，從而使得你更難聽見前者。
• 直覺的想法通常只會出現一到兩次，它們會讓你產生一種理解的感覺。侵擾的想法往往持續不斷，還會引起你的恐慌。
• 直覺的想法通常聽起來溫暖有愛，而侵擾的想法聽起來很可怕。
• 直覺的想法通常憑空出現。侵擾的想法通常是由外部刺激所引發的。
• 直覺的想法不需要你額外費心——這一刻你擁有它們，下一刻你就能放掉它們。侵擾的想法會引發一連串的念頭和恐懼，讓人感覺無法停止思考。
• 即便直覺的想法沒有說出你喜歡聽的事情，但它永遠不會讓你感到驚慌失措。縱使你感受到悲傷或失望，也不會陷入極度焦慮的狀態。之所以會陷入恐慌，是因為你不知道如何處理某種感覺時才會經歷的情緒。而這就是侵擾的想法會讓你落入的田地。
• 直覺的想法會讓你敞開心房，接受其他的可能。侵擾的想法會封閉你的心，讓你感到受困或應被譴責。
• 直覺的想法來自於最好的你。侵擾的想法來自於最膽小、最渺小的你。
• 直覺的想法會解決問題。侵擾的想法會製造問題。
• 直覺的想法讓你得以幫助他人。侵擾的想法往往會讓你產生「我是我，他們是他們」的心態。

- 直覺的想法可以幫助你了解自己的想法和感受。侵擾的想法預設了他人的想法和感受。
- 直覺的想法是理性的。侵擾的想法是非理性的。
- 直覺的想法來自於你內在更深層的地方，會給你一種直達心底的強烈感覺。侵擾的想法會讓你陷入困境，並給你一種驚慌失措的感覺。
- 直覺的想法會告訴你如何應對。侵擾的想法會強迫你做出反應。

如何開始真正滿足自己的需求

雖然「自我照顧」一詞業已成為一個概括性的術語，通常指的是藉由各種行為來分散人們對當前實際問題的關注，而不是真正採取行動去解決當前的問題，但真正的自我照顧，是在最基礎的層面上，去滿足自身的需求。

除了自身的基本安全之外，你還需要良好的營養、充足的睡眠、乾淨的生活環境、得體的穿著，以及允許自己在沒有批判、沒有壓抑的情況下，去真切地感受自己的感受。

自己去找到滿足這些需求的各種方法，是戰勝自我破壞的基礎。

如果晚上睡得好，你會更願意鍛鍊身體。如果不必坐在那裡忍受持續的背痛，而是尋求專業人士的幫助，來改善自己的姿勢、整脊或按摩，你的工作心情就會好很多。如果你的住家井井有條、富有意義，你就會喜歡在家裡度過時光。如果你花時間精心打扮自己，你每天都會感覺更好。

這些事都不是小事，而是大事。只是你看不到，因為它們的影響在於你每天都要做。

了解自己的需求，滿足那些你應當負起責任的需求，然後把該說的話說出口，這樣別人就能去滿足你無法單靠自己滿足的需求。這麼做，將會幫助你終結自我破壞的迴圈，並打造出一個更健康、更平衡、更充實的生活。

Chapter

4

培養情緒智商

自我破壞終歸只是低情商的產物。

如果想要過健康、有效率、穩定的生活，就需要了解自己的大腦和身體之間是如何彼此搭配的。需要了解如何解讀各種感覺、各種不同的情緒帶有什麼意義，以及在面對巨大、令人生畏、不知如何處理的感覺時，我們應該怎麼辦。

我們將會特別把焦點集中在與自我破壞行為相關的情緒智商方面。不過世界各地的專家在情商方面的研究成果多得令人難以置信，並且隨著時間推移還在不斷增加。

什麼是情緒智商？

所謂的情緒智商，指的是以開明而健康的方式，去理解、解釋和應對情緒的能力。

情商高的人，通常能夠更容易跟不同類型的人相處、在日常生活中感受到更多的滿足感和滿意度，並能堅持不懈地花時間處理並表達自己的真實感受。

不過，最重要的是，情緒智商是一種能夠解讀體內出現的感覺，並理解它們試圖告訴你的、關於生活方面的事情的能力。

自我破壞的根源是缺乏情緒智商，因為如果沒有能力了解自己，我們難免會迷失方向。以下將介紹一些大腦跟身體最容易產生誤解的層面。也就是這些層面，使得我們在所難免地陷入各種困境中。

你的大腦是設計來抗拒你真正想要的東西

得到想要的東西時，我們的大腦中會發生一些有趣的事情。

在想像我們想要實現的目標時，我們往往會期望這些目標能夠以某種實實在在的方式來提升生活品質。而一旦達到那個境地，我們就可以「一帆風順」。

所謂的「一帆風順」，就是放寬心。輕鬆過日子。悠悠哉哉過上一陣子。

事實並非如此。

從神經學的角度來說，一旦得到了自己真正想要的東西，我們就會開始想要更多。多巴胺是人體內的一種化學物質，以前被認為是欲望、情慾和渴求背後的驅動力。然而對多巴胺進行的新研究發現，它的本質比我們以前所想像的還要複雜。

在《欲望分子多巴胺》（*The Molecule of More*）一書中，作者丹尼爾・利伯曼（Daniel Z. Lieberman）解釋說，研究這種荷爾蒙的專家發現，一個人在接觸到他非常渴望的東西之後，原本激增的多巴胺，會在欲望得到滿足之後減弱。事實證明，多巴胺並不是給你帶來快樂的化學物質，這種化學物質的功能是讓你追求更多的快樂。

那麼，如果把這樣的原理，套用在你正努力去實現的偉大目標上呢？你會征服那座山，接著會出現另外一座山，等著你去攀登。

這就是我們深深破壞自己真正想要的東西的眾多原因之一。我們本能地知道，「完成夢想」並不會真的能夠讓我們悠哉度日，卻只會讓我們渴望更多。有時候，我們並不覺得自己有辦法面對這樣的挑戰。

因此，當我們在邁向成功的路上時，神經系統裡的各種偏見就會相互堆疊，使得我們開始怨恨、批判，甚至詆毀我們最渴望的事物。

如果去追求我們真正想要的東西，會發生什麼事情呢？我們會拒絕付出為了得到它而需要的努力，因為我們太害怕得不到它。任何與失敗的擦肩而過都會讓我們停止努力、緊張兮兮。

如果長期得不到自己真正想要的東西，我們就會在潛意識裡，將擁有它的情境，跟「壞事一樁」連結在一起，因為我們曾經批評過那些得到它的人。

一旦得到它了，我們會因為非常害怕失去，而把它從自己身邊推開，以免承受失去的痛苦。

我們深深陷入了「想要」的心理狀態，而無法轉變為「擁有」的心理狀態。首先，當我們非常非常想要某樣東西時，通常是因為對它有不切實際的期望。我們想像它會以某種強而有力的方式改變生活，但事實往往並非如此。

一旦仰賴某個目標或生活的改變，會以某種不切實際的方式來「拯救」我們時，任何失敗都會促使我們停止嘗試。舉個例子來說好了。如果我們百分之一百地確定一個戀人能夠幫助我們擺脫抑鬱，那麼我們就會對他人的拒絕極度敏感，因為這會讓我們覺得自己彷彿永遠也沒有辦法擺脫憂鬱。

當然，這裡有一個顯而易見的問題，那就是約會是一個不斷嘗試及犯錯的過程。你必須要先失敗，才能獲得成功。

然後，如果一直沒有得到想要的東西（例如戀愛關係），為了自我保護，大腦就必須證明和認同我們在生活中所抱持的想法正確無誤。這就是為什麼我們會無意識地誹謗那些擁有我們想要的東西的人。我們非但沒有從他們的成功中獲得啟發，反而對他們產生質疑。我們變得對戀愛關係抱持懷疑態度。因為嫉妒別人的幸福，於是我們認為那些幸福一定都是假裝出來的，或者愛情「並不存在」，或者認為不管怎麼樣他們最終都會分手。

如果我們長期抱持這樣的信念，你猜等到有一天，我們終於擁有了自己真正想要的感情關係時，會發生什麼事情？想當然耳，我們將會懷疑它的真實性，並認為這段關係也將以失敗告終。

這就是為什麼每當遇到困境時，人們就會把身邊的人推開，或者放棄自己的遠大夢想。每當害怕失去某些東西，我們往往會先把它從自己身邊推開，以此作為自我保護的手段。

所以，假設你努力克服了那些給你的生活帶來如此多阻力的限制性想法，並且最終讓自己建立並擁有了自己真正想要的東西。那麼接下來，你將面臨最後，也是最嚴峻的挑戰，那就是從「生存模式」轉變為「繁榮模式」。

如果在一生當中，你大部分的日子都是在「勉強度日」的狀態下度過，你就不會知道如何去適應輕鬆、享受的生活。你會抗拒這種生活、感到內疚，也許會過度消費或忽視責任。在你看來，你是在用完全放鬆的歲月，來「平衡」過去那些困難的歲月。然而，事情並非如此。

當我們深深沉浸在「想要」的感覺中時，就很難去適應「擁有」的體驗。

這是因為任何變化——無論多麼正面——在熟悉之前，都會讓人感到不舒服。

我們很難去承認自己竟如此強烈地傾向於自我認可，因此最終都會因為自尊心，而阻礙自己的發展。更難承認的是，很多時候，我們羨慕的、他人所擁有的東西，其實是我們內心深處最渴望的東西的碎片，是我們不允許自己擁有的東西。

沒有錯，你的大腦天生就想要更多的東西，而且是多多益善。但透過了解其過程和傾向，你就可以超越大腦的設定，並開始主宰自己的生活。

你的身體是由恆定脈衝所支配的

你的大腦是設計來讓你的生活過得更加穩固，並隨之進行調節。

在你的潛意識裡，有一種叫做恆定脈衝（homeostatic impulse）的東西，它可以調節體溫、心跳和呼吸等生理機能。布萊恩・崔西（Brian Tracy）是這樣解釋的：「透過自主神經系統，（你的恆定脈衝）維持著你數十億細胞中數百種化學物質的平衡，讓你的整具身體的各種機能，在多數時候都能夠完美協調、正常運轉。」

但很多人沒有意識到的是，就像大腦是用來調節你的生理一樣，它也會試圖去調節你的心理。你的大腦會不斷地過濾並提醒你注意特定的資訊和刺激。什麼樣的資訊和刺激呢？那些能夠證明你的既有觀念（這在心理學上被稱為確認偏誤）正確無誤的資訊和刺激。非但如此，大腦還會重複向你展示特定的想法和衝動。什麼樣的想法跟衝動呢？那些與你過去的所作所為相仿或一樣的想法跟衝動。

你的潛意識是你自身舒適圈的守門人。

然而也是這同一個地方，能夠使得我們習慣對未來抱持期待，並促使我們經常去尋求那些能夠為生活帶來最大的成功、幸福、完整或療癒的行動。

這件事情讓我們知道，在生活中經歷療癒或改變的過程時，必須讓自己的身體去適應新的正常狀態。這就是為什麼所有的改變，無論多麼好，在熟悉之前都會讓人感到不舒服。這也是為什麼我們會陷入自我毀滅的習慣和迴圈。即便這些習慣讓我們覺得很舒服，但這並不表示這些習慣對我們有益。

我們必須運用自己的頭腦去練習辨別。必須用自己的最高智慧來決定我們想要走往哪個方向、想要成為什麼樣的人，然後必須讓自己的身體隨著時間的推移不斷調整。

我們不能被自己的感受左右。我們的情緒只是暫時的，並不總是反映現實。

那些突破性的時刻改變不了你。微轉變才能改變你

如果你的人生卡住了，那很有可能是因為你在等待一場大爆炸，你在等待某個突破性的時刻。在那一刻，你所有的恐懼都會煙消雲散，整個人都會變得澄淨清明。該發生的事情都會自

然而然地發生。轉變後的你擺脫了自鳴得意。一覺醒來，你成為了嶄新亮麗的自己。

那一刻永遠也不會到來。

突破不會自己來到。會自己來到的是臨界點。

一旦那些在你的腦海邊緣處存在已久的想法，終於得到足夠的關注，並進而大舉進入你的思維時，啟示就會來到。這就是所謂「豁然開朗」的時刻，也就是你終於明白你聆聽了一輩子建議的時刻。也就是你讓自己習慣於某種行為模式的時間，已經漫長得足以讓這種行為模式成為本能習慣的時候，才會來臨的時刻。

驚天動地的單次突破不會改變你的生活。但微轉變可以。

所謂的突破，其實是經歷了好幾個小時，好幾天，好幾年，日復一日平凡而單調的努力，才會發生。

正如作家兼媒體策略專家萊恩・霍利得（Ryan Holiday）所指出的，頓悟並不能改變生活。能給我們帶來持久而深入改變的，不是那些我們做出極端行動的時刻，而是我們重新去塑造自己的習慣。這種想法被科學哲學家孔恩（Thomas Kuhn）稱為「典範轉移」（paradigm shift）。孔恩認為，我們並不是在某些光芒萬丈的時刻改變自己的生活，而是要透過一個緩慢的過程。在這個過程中，假設會被瓦解，我們會需要新的解釋。正是在這些不斷變化的時期，微小的轉變發生了，突破性的改變開始成形了。

把微轉變想成是你日常生活中一點一滴累積的改變。所謂的微轉變，指的就是在吃一頓飯的時候，把裡面的一部分改吃別樣東西，就這麼一次。然後是第二次、第三次。在你還沒有意識到發生什麼事情之前，就已經採取了一種新的行為模式。

你每天的所作所為，決定了你的生活品質和成功程度。重點不在於你是不是「想要」付出努力，而在於你是不是義無反顧地著手執行。

這是因為生活的結果不是由一時的衝動所決定的，而是由個人的原則來決定。

你可能不認為今天早上所做的事情很重要，但它確實很重要。你可能不認為這些小事加起來有多重要，但它們確實很重要。思考一下這個古老的腦筋急轉彎：你是願意今天手頭有一億元，還是願意在接下來的一個月裡，每天都有價值翻倍的一塊錢？現在能有個一億元聽起來很不錯，但在過了三十一天之後，那個一塊錢的價值將超過十億元。

要做出大刀闊斧的改變並不困難，因為我們都是有缺陷、能力有限的人。這件事情之所以困難，是因為我們並非生來就能夠做到離開自己的生活舒適圈。

如果你想改變自己的生活，需要每天的每時每刻都做出微小的、幾乎可說是隱形的決定，直到這些選擇成為習慣。然後，你還要繼續做下去。

如果你想減少使用手機的時間，那麼今天就拒絕自己一次查看手機的機會吧。如果你想吃得更健康，那麼今天就多喝個半杯水吧。如果你想增加睡眠時間，那麼今晚就比昨晚早睡十分鐘吧。

如果你想多運動，那麼現在做個十分鐘就好。如果你想讀書，那麼就讀個一頁吧。如果你想冥想，那就冥想個三十秒鐘。

然後把這些事情持續做下去。每一天都做。你會開始習慣不看手機。你會開始想喝更多的水，也會喝更多的水。你會先跑步十分鐘，然後覺得沒有必要停下來，所以會繼續跑下去。你會在讀完一頁以後產生興趣，接著讀下一頁。

在我們最本能的生理層面上，「改變」意味著危險，還可能危及生命。難怪我們會建造自己的牢籠，然後待在裡面，即便門上沒有鎖。

想要透過劇烈的衝擊來讓自己進入新的生活，是行不通的。這也是為什麼，你還待在舊的生活裡面。

你不需要等到想改變的時候才開始改變。你所需要做的，只是每次做出一個微小的改變，然後讓能量和動力不斷地累積。

你的心靈並不脆弱

你人生中最強大的敵人是你自己的大腦嗎？

非理性的恐懼，是你多數主要壓力源的核心嗎？

你是否有過這樣的感覺：自己幾乎可說是在自找麻煩，在明明沒有問題的地方硬生生地製造出問題、過度反應、想得太多，以及凡事總往壞的方面去想？

如果你的答案是「對」，那麼恭喜你，你有意識到自己的問題。

你就只是跟其他人一樣而已。

如果你覺得自己總是下意識地審視自己的生活，試圖找出下一件要擔心的事情、下一個潛在的恐懼威脅，那麼你的感覺是對的。

我們最害怕的東西，是我們頭腦中認為最不可能發生的、無法控制的危險。如果這個危險非常可能發生，我們反而不會害怕——我們會做出反應。這就是為什麼我們大多數的擔憂，不僅來自於一件無法控制的事情，而且還是來自於一件無法控制的、小之又小的、不太可能會發生的事情。

那麼，為什麼大腦會需要這樣胡亂操心呢？

難道我們就不能夠去享受自己所擁有的，同時心存感激嗎？

在一定程度上，我們當然可以做得到。

可是頭腦也會需要面臨逆境，這就是為什麼我們會本能地不斷製造問題——即便面前沒有任何真正的問題。

人類的頭腦具有某種特質，稱之為「反脆弱性」，意思就是說，在面臨逆境時，腦袋其實會變得更強大。就像岩石在經歷壓力之後才能變成鑽石，或者免疫系統在反覆接觸細菌之後得到強化一樣，大腦也需要面臨挑戰來刺激它成長。

如果你否認並拒絕生活中任何真正的挑戰，大腦就會透過製造一個需要克服的問題，來進行補償。只是這一次，最後不會有任何獎勵。在你的餘生中，你都將與自己作戰。

當代文化對於追逐幸福的痴迷、讓自己免於接觸任何會刺激強烈情緒發生的情況，以及認為生活主要是由「美好」所構成，而我們所面臨的任何挑戰都是命運的錯誤安排，這些做法實際上都會削弱我們的精神力量。

讓心靈遠離任何逆境，會讓我們變得更容易焦慮、恐慌和混亂。

那些不由自主地在頭腦裡不斷製造問題的人常常這樣做，因為他們已經不再用創造性的思維去掌控自己的生命。他們變成了乘客，認為生活是發生在他們身上的，而不是他們藉由自己的行動創造出來的。

如果事實真是如此，誰能不害怕？

但大多數人都沒有告訴你的是，逆境會讓你變得更有創造力。它能啟動總是潛藏在你體內的那些能力。

這就讓事情變得很有趣了。人類自身的敘事，其中竟有一部分是想要克服困難。訣竅在於保持平衡。選擇離開自己的舒適圈，為了值得的理由而忍受痛苦。把注意力放在世界上真正存在的問題，例如飢餓或政治或任何其他問題。

但最重要的是，要持續去參與那些我們能夠掌控的事情。而倘若你認真思考一下，我們其實能掌控多數的事情。那些反脆弱的事物需要經歷緊繃、阻力、逆境和痛苦，才能打破困境並產生轉變。若想做到這件事，就要深深地進入自己的生活，成為裡面的一部分，而不是懼怕自己的情緒，並袖手旁觀。

你不能永遠留在沒有困難的地方，也不會真的想要永遠留在那裡。擁抱突破所有困境的勇氣，是你與生俱來的能力。挺身前進，開始活出自我吧。

新的改變會帶來適應上的衝擊

在從未有人告訴過你的、有關生活的所有事情當中，其中最令人感到困惑的或許就是：你可能不會在積極地改善生活之後，就能立即體驗到幸福感。

你的心靈是這樣認定的：任何新的事物，即便它是美好的，在我們熟悉它之前，也會令人感到不舒服。

反過來說，我們的大腦也認為，只要是熟悉的東西，那就一定是美好而令人感到舒適的，縱使這些行為、習慣或關係，實際上會毒害或破壞我們的生活。

事實上，正向的生活事件還真的會引發憂鬱的情緒。發生這種情況的原因有幾個：首先，情緒或心態的急劇上升後又下降，會加劇我們的壓力。其次，期望一件好事的發生會消除所有壓力，並帶來前所未有的幸福感，其實是一種具有破壞性的期望，因為這類的事情鮮少能做到這一點。這就是為什麼婚禮、生產或一份新工作，會帶來如此巨大的壓力。除了生活的巨大改變之外，還有一個沒有被意識到的假設，那就是這應該是一件徹頭徹尾的好事情，並且應該能夠消除我們的焦慮和緊張。

令人感到苦惱的是，事實並非如此。

總的來說，這可以歸結為一個簡單的事實：任何成就、功績或生活的改變，無論是多麼正面，都會引發改變。而改變則會帶來壓力。對於那些已經容易感到焦慮和憂鬱的人來說更是如此，因為一個人對於舒適圈所抱持的認知，會徹底影響他們自身情緒的穩定度。這也是為什麼這些人常常顯得極度挑剔或心態狹隘。

☆適應性衝擊有哪些跡象？

乍看之下，處於適應性衝擊中的人，表面上看起來可能只是變得更焦慮或煩躁。然而，實情往往更為複雜。

適應性衝擊常常會讓人變得過度警覺。如果你在經濟上有所收穫，那麼大腦會立刻把心力轉向那些可能會給你的進步帶來阻撓的事情，例如可能會出現大額帳單，或者失去你剛剛得到的工作。如果你有了一段新的、幸福的戀情，那麼你可能會嚴重懷疑對方不忠或撒謊。

適應性衝擊能夠讓你看見自己無意識的執著和觀念。如果在成長過程中，周遭的環境使得你相信富人都道德淪喪，那麼你就會抗拒擁有更多的金錢。如果你想要成名的動機，是因為想獲得他人更多的喜愛，那麼你就會抗拒在公眾領域獲得成功，因為「名人」往往比普通人更容易受到批評和討厭。

適應性衝擊會帶來強烈的恐懼感。這是因為一旦獲得了自己非常在意，或是為之奮鬥了很長時間的東西之後，為了避免遭受可能的損失，我們會本能地築起高牆，並讓自己對這種體驗感到麻木不仁。

面對自己最想要的東西，我們往往也最為抗拒去獲得它。這種情況係根源於適應性衝擊，儘管我們並不總是能夠知道，適應性衝擊就是造成阻力的原因。

得到我們所想要的一切是令人害怕的，因為這將迫使我們的心態從恐懼不安、只求生存，轉變為更加穩定。如果我們向來都習慣於只去做那些只求活下去的事情，那麼在這個時候，就會面臨到自我實現的下一個階段。

如果不再擔心基本的生存問題，我們的思維就可以自由地轉向生活中更重大的問題：我們的目標是什麼？我們活得有意義嗎？我們有成為理想的自己嗎？

我們常常認為巨大的成就，猶如一張大富翁遊戲裡的「機會或命運」卡片；一旦擁有了，生活就會變得更輕鬆。然而真相通常並非如此。事實上，情況往往恰恰相反。這些重大成就會讓我們更上一層樓，迫使我們承擔更大的責任、更深入地思考重要的問題，並對我們自身和之前所認定的真實，提出質疑。

巨大的成就其實會對我們施加壓力，讓我們成為越來越好的自己。這對我們的生活來說只有好處、沒有壞處，但也可能像艱辛的奮鬥過程一樣，讓人覺得很不舒服，甚至還可能更不舒服。

☆如何克服適應性衝擊？

每當生活裡發生了正面的事情，你就必須調整自己對其他事情的思維，找到新的平衡，並建立一個嶄新、更準確和可供長期使用的觀點。

如果擁有更多金錢會讓你感到焦慮，那麼就需要學習如何用更好的方式管理金錢。如果情感關係會讓你感到焦慮，那麼就需要學習更深入地理解對方，彷彿這是你第一次談戀愛。

你生活中的重大改變，會迫使你在所有可以想像得到的層面去提升自己。而若是想要克服踏入未知世界所產生的原初恐懼，最好的辦法就是熟悉這個世界，讓它成為你的一部分，直到你確信自己已經做好了準備——而這也是你理應擁有的美好生活。

＝擁有通靈思維，並非表示你智慧過人＝

我們這裡提到的「通靈思維」，跟那些你可以花錢請他們來讀你的能量狀態，並預測你的未來的算命師、用一閃一閃的霓虹燈打廣告的神鬼專家，毫無關係。

通靈思維遠比算命這事陰險得多。

通靈思維就是，你以為自己知道別人在想什麼，或者他們打算做什麼。通靈思維就是，你認為最不可能發生的結果，其實是最有可能發生的結果，一切只因為你對這個結果的感覺最強烈。通靈思維就是，你相信自己已經錯過了「另一種人生」，錯過了一條你沒有選擇踏上，卻可能更適合你的道路。通靈思維就是，你相信跟自己最來電的人，必定就是你最理想的生活伴侶。

想當然耳，其他人看待我們的目光是浮動的。他們的想法、感受和意圖，即便不是完全，但至少在相當大的程度上，是我們所不知道的。而最不可能的結果，它就是最不可能發生。世上並不存在什麼我們本來可以踏上的道路，那只是我們把自己的需求和欲望投射出去，產生出一個生命的其他可能性的幻想。很來電並不表示對方是我們的靈魂伴侶，愛情跟合拍與否不能相提並論。

通靈思維會讓我們脫離現實。會讓我們在應當運用邏輯來思考的地方，改為讓感覺來作主，而感覺往往是不正確也不可靠的。我們的感覺受到偏見的影響，以至於會完全偏向我們想要相信的方向。

除了會造成自己的麻煩之外，通靈思維更會對你的心理健康狀態，產生糟糕透頂的影響。通靈思維會助長焦慮和憂鬱的情緒。通靈思維不只是讓我們感到害怕或不安，它更進一步使我們相信這些恐懼或不安不僅貨真價實，而且也預示了未來會發生的事情。在經歷了情緒低落的一天之後，通靈思維會將這樣的感受大幅擴張，讓我們認定自己的人生糟糕透頂。

我們常常聽見「要相信你自己」，於是把自己比作預言大師，並認為每當有一個特別有感的想法或感覺流經大腦時，那一定預示著有更多的事情即將要發生。

事實上，整體看來，由於流行心理學的流行，通靈思維已經開始呈現出全新的面貌，其歷史可以追溯到五〇年代和六〇年代。要相信你自己，那些身心靈大師都這麼說。在靈魂的深處，你知道一切的真相。

這種說法有其道理。你的腸道確實與你的腦幹相連，你胃裡的細菌對潛意識智能意識的反應，比你的大腦更快。這就是為什麼你本能的直覺確實是正確的。但是，如果有這麼一個人，他無法區分直覺和恐懼之間的差異，也無法區分直覺和腦中那個一閃而過的、整體而言毫無現實基礎，也與他們的生命經驗無關的念頭之間的差異，那麼這類的建言，反而變成了有害的。他們會陷入徹底的困境，並且處處受限，因為他們會認為自己浮上心頭的任何感受，都是真實的——而且不單真實，更是對未來的預測。

通靈思維無非是一系列的認知偏誤，其中最常見的有下列幾種：

☆確認偏誤

你的大腦裡無時無刻不充滿各種刺激。為了幫助你處理這些資訊，你的意識只會注意到其中的百分之十，甚至更少。你的潛意識則會保持關注，記錄下你有一天可能會需要的資訊。

然而，什麼資訊能成為那進入我們意識的百分之十，與我們既有的信念有很大的關係。大腦實際上會努力過濾掉那些不支持我們既有信念的資訊，然後將注意力放在那些支持我們既有信念的資訊上。也就是說，因為受到「確認偏誤」的影響，我們實際上會尋求並找出那些支持我們既有想法的刺激。

☆延伸思維

延伸思維指的是，我們依據目前的情況來預測未來。萊恩・霍利得說得最好：「這一刻不是我的生活，而只是我生活中的片刻。」

延伸思維使我們認為，我們是過去或現階段所有經歷的總和，無論我們目前正在經歷哪些壓力或焦慮，終其一生都將逃脫不了它們。由於無法看清眼前的問題，於是我們認定這個問題將永遠不會得到解決。不幸的是，這可能會成為一個將要實現的自我預言。如果我們很容易被「自己永遠也無法克服這些問題」的想法打敗，並因此而精疲力竭，那麼我們就更有可能會抓住這些問題，而不是嘗試利用理性思維去解決它們，從而額外耗費了許多時間。

☆聚光燈效應

每個人都認為世界是繞著自己轉的。你每天都在想著自己和自己感興趣的那些事。要想忘記別人其實沒花那麼多的心力來關注自己，不是一件容易的事。那別人在想著誰？他們也都在想著自己。

每當我們想像自己的生活是一場演出，或是在「展示」給別人看的時候，就會發生聚光燈效應。我們都還記得自己最近做過的兩三件糗事，並想像其他人也跟我們一樣，會不斷地回憶起那些事。你還記得別人最近做過的兩三件糗事嗎？你當然想不起來。因為你壓根兒沒留意到那些事。

聚光燈效應會讓我們產生錯覺，以為世界是以我們為中心，但事實並非如此。

這些認知上的偏誤（我只介紹了一部分），一旦結合了通靈思維，或者結合了我前面所提到的錯誤思維——也就是認為自己對這個世界所抱持的假設跟感受都一定會成真——就會危害我們自身，而且因之產生的想法多半都是錯誤的。我們與其試圖預測接下來會發生什麼事情，還不如把精力集中在當下——神祕主義者會稱之為蘊含無限可能的「當下」——因為事實是，對這一刻來說，過去和未來不過都是幻象，而我們所擁有的只是現在。

與其試圖運用你的聰明才智預測未來，不如努力讓這一刻變得更好。這樣才能真正改變你的人生。

邏輯失常會帶給你極大的焦慮

你在生活中經歷的大部分焦慮，都是由於批判性思考能力低下所造成的。你可能會認為，因為感到焦慮，所以你是一個思考過度的人，一個對不太可能會發生的可怕結果過於痴迷，其程度已經遠超出合理範圍的人。然而實際上，你是一個思考不足的人。

你在進行邏輯思考時，錯過了一個部分。

讓我們從頭開始說起吧。焦慮是一種正常的情緒，每個人在一生當中的某個時刻都會經歷，通常是在周遭環境很高壓、緊張或可怕的時候。一旦焦慮感長期存在，並對日常生活造成影響時，它就會成為一種臨床疾病。

我們深知，心理健康與身體健康同等重要。不過，請容我舉個例子。假設有這麼一個人，他反反覆覆地扭傷自己的腳踝。遇到這種情況，我們自然而然地就會懷疑，是不是有什麼東西一次次絆倒了他。同樣地，就跟許多疾病一樣，很多焦慮的背後，都有其成因。具體來說，焦慮往往是由於無法處理劇烈的壓力和持續的情況所導致的。

如果想要痊癒，就必須學會如何處理。

這種方法適用於每一個人，而不僅僅是那些被醫師診斷出罹患焦慮症的人。

焦慮的特徵之一，就是高速思考。因為你對某個問題的關注如此深、持續的時間也如此長，所以你會認為自己一定把這個問題想得很透澈了，並因此得出一個最有可能的結論。然而，事實恰恰相反。

你出現了邏輯失常。因為沒有想清楚，所以你就跳到了最壞的結論，接著就會陷入「戰或逃反應」，因為最壞的結論讓你感覺受到了威脅。這就是你緊抓住那個可怕想法的原因。你的身體正在做出反應，就彷彿那個威脅迫在眉睫。而在你「擊敗」或克服該威脅之前，你的身體會發揮它的作用，讓你維持防禦模式，這實際上是一種面對「敵人」的高度警覺狀態。

☆ 什麼是邏輯失常？

請想一樣雖然你不害怕，但也許其他人可能覺得害怕的事情。

也許你不害怕搭飛機。但很多人都害怕。也許你不害怕單身。但很多人都害怕。也許你不害怕承諾。但很多人都害怕。你肯定能夠想到，在自己的生活中，至少有那麼一件事情，是你真正不怕的。

為什麼你不害怕呢？因為針對那件事情，你沒有邏輯失常的情況。

你可以想像自己坐上飛機，並成功地從飛機上下來，而不會驚慌失措。你可以想像自己是個快樂的單身漢，或是幸福的已婚者。即使發生了最壞的情況，你也能從頭到尾把一切都想清楚，從開場到高潮再到結尾。你知道自己將會如何應對。你有自己的計畫。

但若你經歷了邏輯失常，高潮就會直接變成結尾。你會先想像出一個情境，發現自己因此而驚慌失措，接著出於恐懼，你就永遠不會再去思考情境的其餘部分。你從來沒有想過自己要如何度過難關、會如何應對，以及事後將如何繼續過生活。如果能做得到這一點，你就不會害怕這件事，因為你將不會認為它有辦法「解決」掉你。

這就是為什麼要治療這種非理性的恐懼，重複接觸是最常見的方式。透過以一種安全的方式，將壓力源重新帶進你的生活，你就能夠重新建立更健康也更平靜的思維方式。基本上來說，你會向自己證明，即使發生可怕的事情（大多數情況下根本不會發生），你也會沒事的。

無論如何，擁有強韌的精神力，並非只是意味著希望事情永遠不會出錯。而是相信就算真的出了問題，我們也有能力應對。

也許你還沒有這樣的自信。沒關係。這不是與生俱來的，而是隨著時間的推移慢慢建立起來的。這是在實踐中培養出來的，透過解決各式各樣的小問題，然後學習健康的應對機制，和有效的推理技巧。

問題是，在生活中可能會發生數以萬計的可怕事情。這點對每個人來說都是如此。我們之所以會煩惱某件可怕的事情，並不是因為這件事情更迫在眉睫或更有可能發生，而是因為我們沒那麼相信自己有辦法好好地因應。

若是想要治好自己的焦慮，那麼就不需要刻意迴避這些情況。我們需要發展邏輯思維，看清情況的本質，並對其做出適當的反應。

因此在生活中，我們最大的焦慮往往不是來自於實際發生的事情，而是來自於我們如何看待正在發生的事情。一旦可以做到理性思考，我們的情感就能夠無拘無束，不再被恐懼綁架；而我們也同時將獲得自己真正的力量。

錯誤推斷會阻礙你的成功

如果你熟悉體型學，那麼你很可能會對「多肉型」（endomorph）、「運動型」（mesomorph）和「瘦長型」（ectomorph）這三個術語耳熟能詳。儘管每個人實際上都或多或少受到這三種體型的影響（也就是說，每個人都具備這三種體型的特質，只是程度不同），但通常來說，你先天還是會具備某種體型的主要特徵。

如果研究過這些體型，你就會知道多肉型通常更容易囤積脂肪。你可能會以為這些人的新陳代謝能力最差，不過這個想法是錯的。事實上，多肉型的新陳代謝能力是最好的。這一型的人，之所以直到今天還存活在地球上，正是因為他們的祖先充分適應了生存環境。他們的新陳代謝能力完美地完成了自己的目標：儲存脂肪以供日後使用。

類似的情況也發生在焦慮程度較高的高智商人群身上。你會以為，因為這些人很聰明，所以他們能夠運用邏輯思考，來消除不合邏輯的恐懼（邏輯失常或無法有效地進行理性思考，往往是焦慮會產生的原因）。

然而，他們的大腦卻是做著自己應該做的事情，那就是將不相關的刺激拼湊在一起，藉此辨識出潛在的威脅。

高智商的人有一種其他人沒有的心理功能，那就是推理能力。其他人只能看到表面的事物，他們能夠從中萃取出意義跟理解。這就是為什麼智商極高的人，往往在社交能力或駕駛汽車等日常小事上舉步維艱。別人眼中的世界只是一條線，高智商者眼中的世界卻是立體的。他們的思維往往比常人更深入，這賦予了他們創造、理解、制定策略和發明的能力。

就像多肉型出色的新陳代謝能力，會為他們帶來不利的影響一樣，高智商者的大腦，也會為他們帶來不利的影響。這是因為有時候他們會做出所謂的「錯誤推論」，也就是依據合理的證據，做出有謬誤、有偏見的不正確假設。

處在非常焦慮的狀態時，大腦裡會發生什麼事呢？你會從一種通常無害的刺激裡，萃取出某種意義或預測。感到害怕時，你的大腦會超速運轉，找出可能會傷害你的事物，然後構思出各種方法，來完全避免這種經歷。你越聰明，就越擅長做這類的事情。

然而，你越是逃避恐懼，恐懼就會變得愈加強烈。

☆什麼是錯誤推論？

錯誤推論指的是，你依據合理的證據，卻得出了錯誤的結論。

這也就是說，你所看到的、經歷的或理解的可能是真實的，但你從中拼湊出來的假設要麼不是真實的，要麼就是極不可能的。

其中一個例子，就是「以偏概全」，也就是根據自己的一兩次經歷，就對整個群體做出斷言。這是很多種族主義和偏見的根源。另一個例子是「後此謬誤」（post hoc ergo propter hoc），也就是說，由於有兩件事情大約在同一時間發生，因此你便假定兩者之間必然有關，縱使它們之間毫無關聯。

而所謂的「非黑即白」指的是，明明事實上有許多你沒有意識到的可能性，但你卻假定只有兩種可能。我舉個例子。老闆要你去參加一個私人會議，於是你認為自己不是要升遷，就是要被開除了。這個例子裡還出現了另一種稱為「滑坡謬誤」的推論，也就是你假定一個事件將會引發一連串的其他事件，縱使這種情況肯定不會發生。

上述的這些情況，只不過是大腦——在某種意義上——背叛你的無數種方式中的一部分。雖然它的目的是讓你保持警覺和明智，但有時候威脅會變得過於誇大。而由於無法分辨真假威脅的差異，使得你的身體會做出不計後果的反應。

☆該如何修正這樣的狀況？

想要修正錯誤推論的狀況，首先要意識到自己正在做這件事情。在大多數的情況下，一旦你意識到自己正在以「非黑即白」或「以偏概全」去思考，你就會停止這麼做。只要能明白這是什麼情況，就可以放掉這類的思維方式。

你需要一些時間，來訓練自己的大腦停止自動自發地這樣做。把你的大腦想像成一個搜尋引擎，它能自動輸入搜尋條件。如果多年以來，你都輸入一些同樣的搜尋條件，那麼接下來的一段時間內，這些搜尋條件依舊會斷斷續續地冒出來。你必須努力不斷地添加新的想法、選項和刺激，以改變它自然而然會冒出來的搜尋條件。

這件事情不單是可能的，更是必然的。只要持續做下去，你就會開始去適應。大腦會重新調整你的舒適圈。到了最後，你會自然而然地慣用邏輯性思維，一如你曾經自然而然地慣用戲劇性思維那樣。對此時的你來說，感受到平靜的情緒，就像感受到焦慮的情緒一樣理所當然。這需要自我覺察，也需要時間，但天下無難事，只怕有心人。

擔憂是最脆弱的防禦系統

反芻性的思考，是創造力的發源地。這兩者皆是由大腦的同一部分所控制。這就是人們對於「憂鬱而有創意的人」抱持刻板印象的神經學原因。任何一位藝術家都會告訴你，他們生命中最艱難的時刻，激發出了他最具突破性的作品。但他們不會告訴你的是，要創造出曠世巨作，危機並非必需條件。

你會想，當然不是。危機是最壞的情況。然而，我們當中有多少人卻因為擔心又害怕這種「最不可能發生的情況」成真，而陷入恐慌中？而我們當中又有多少人為了保護自己免於恐慌，實際上每天都因為恐懼而製造出危機？

我們不僅僅是受虐狂。我們是憑藉下意識運作的、智慧超群的生物。大腦明白：如果想像出最可怕的恐懼，我們就能預先為這些情況做好準備。如果我們仔細而反覆地琢磨這些風暴，就會感覺自己在一定程度上受到了保護。如果做好準備，風暴就傷害不了我們了。

問題是它可以。

過度擔憂並非功能失調。你並不會因為做不到「適可而止」和「享受生活」而差人一等。擔憂是一種潛意識的防禦機制。我們之所以會這麼做，是因為非常在意某件事情，同時又害怕這件事情會給我們帶來傷害，此時的我們就會藉由擔憂來做好為之挺身而出的準備。

與你的恐懼完全相反的是什麼呢？那就是你想要的東西。那就是你如此渴望的東西，以至於你會竭盡全力去捍衛它。

你這樣想並沒有錯。但與此同時，你準備好朝新的方向前進，那也沒有錯。

現實情況是，擔憂並不能像我們所想像的那樣保護我們。我們無法戰勝恐懼，抵達終點。擔憂讓我們對可能出現的無數負面結果過於敏感。擔憂改變了我們的心態，讓我們去期待、尋找和創造最壞的情況。如果危機真的發生了，我們就會陷入恐慌，因為大腦和身體早已為這場艱難的戰役準備許久。

如果我們沒有過度地預想這些恐懼，那麼當情況真的發生時，我們就不會受到那麼大的影響。我們會看清形勢，並做出適當的反應。

這就是惡性循環形成的原因：一旦我們為一些完全是妄想的事情擔心得要命，而這些事情並沒有發生——當然嘍，因為這些事情永遠也不會發生——我們就會把擔憂和安全連結在一起。看吧？就是因為想過超級多次，所以我才能避開這些危機。

但事實並非如此。

若單單告訴別人停止擔憂和活在當下，只會加強他們的恐懼衝動，因為你實際上是在要求他們放下戒備。一旦你已處於極限狀態，讓自己感覺更脆弱，並不是解決問題的辦法。

相反地，你必須要找到一種不同的方法來讓自己感到安全。

與其把時間花在一次次去演練發生這樣或那樣的情況時，你會有多麼驚慌失措，不妨想像一下，如果有一個第三者遇到你所想像的情況時，對方會如何處理。想像自己從另一個角度來看這個問題，或者甚至把它當作一個獨一無二的契機，藉此創造出某種東西。

與其因為害怕可能會遇到某種困難，把時間花在限縮自己和自己的生活上，還不如努力培養自信心，並且知道就算自己失敗了，也不會像你所害怕的那樣受到批評、排擠或憎恨。

與其花一輩子的時間，不斷尋找下一件需要擔心的事情，然後「度過難關」，不如學會進入一種新的思維模式，了解自己並不需要做到「居安思危」，一樣可以過上完滿美好的人生。穩定與完整、健康與活力，是你與生俱來的權利。你可以擁有你想要的一切。你可以保持心平氣和。

憂慮是如此原始，它滿足了我們內心深處的需求，讓我們覺得自己已然克服了難題，從而受到保護和拯救。然而與此同時，憂慮帶來的不適，是更高層次的自我在告訴我們，憂慮是不必要的。事實上，憂慮會產生阻礙，讓我們無法成為理想的自己，而那其實本來是一定會成真的事情。

若是想要解決自己不停找事情來煩惱的習慣，並找回內在的平靜，那麼除了把自己當成敵人去作戰之外，其實還有更好的辦法。

Chapter

5

釋放過去

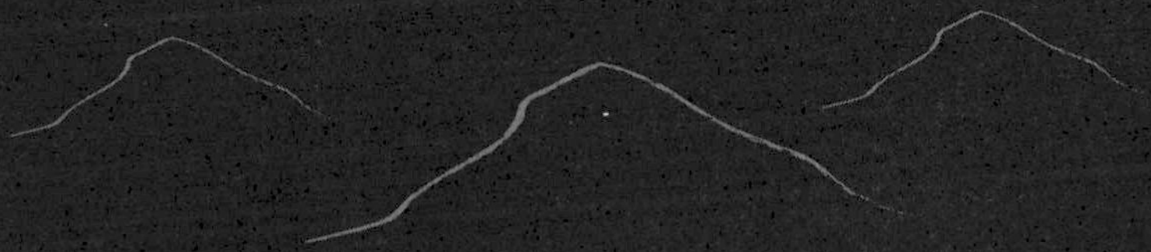

在一生中，我們經常經歷自我重塑的過程。

隨著時間的推移，我們注定要改變，也注定要進化。身體藉由汰換細胞來讓我們看見這項事實。以至於有些人認為，我們的身體基本上每隔七年就會徹徹底底地「煥然一新」。

我們的精神和情感的成長也遵循著類似的過程，儘管往往發生得更為頻繁。因此合情合理的是，我們最深刻的一些痛苦，便源於對這一自然過程的抗拒。我們之所以痛苦，是因為儘管必須改變自己的生活，但我們仍然背負著來自過去的包袱和碎片。由於日復一日帶著那些沒有排解的情緒，我們便逐漸讓過去的創傷進入到未來的生活中。

釋放過去是一個過程，也是一種練習——而我們必須去學習。我們的旅程，就從這一刻開始。

如何開始放手

無論有多麼想要，你都沒有辦法強迫自己放手。

此時此刻，你被要求釋放掉舊我：你以前的痛苦、過去的感情關係，以及所有的罪惡感——因為你花了太多時間，就為了要否認自己生活中真正想要和需要的那些東西。想要從自我破壞中恢復，總是需要一個放手的過程。

然而，無論多麼不希望讓某樣東西留在大腦的空間裡，你都無法強行將它趕出。

你沒有辦法就這樣簡簡單單地減輕你緊握的力道，心情放鬆一些，並且用意志力要求自己，完全不要再去思考某種曾經是生活中心的東西。

不是這樣做。

你不會在別人告訴你「放下吧」的那一刻、不會在意識到自己必須承認某種失敗的那一天、不會在心灰意冷地發現的確毫無希望的那一瞬間，就這樣放手。

你沒有辦法只是藉由命令自己不要再去想，然後就這麼放手。這樣的一種想法，是那些從未真真切切地執著或著迷於某事的人，才會擁有的。這樣的一種確信，是那些從未因為安全感、安心感、愛，以及未來而深深地眷戀某事的人，才會擁有的。

你沒有任何的問題，因為當別人若無其事地開口，要你就這樣「放手吧」，彷彿他們無法理解你的頭腦和內心正在經歷著多大的風暴時，你幾乎都快要生氣了。

在你的一生中，你花了那麼多的時間，去積極努力維持並且重建的東西，怎麼可能說放就放？

你不能，你也不會。

你開始放手，是在向建立新生活這件事邁出第一步的那天。在那之後，你任由自己躺在床上，盯著天花板，想哭多久就哭多久。

你開始放手，是在你意識到，自己無法再繼續這樣繞著生命中一個缺口轉個不停的那天。你同時也知道，自己就是沒有辦法再回到過去的生活了。

你開始放手，是因為你意識到這一刻就是一股推動力、一個催化劑。這一刻就是許多電影在演的、許多書籍在寫的，以及許多歌曲的靈感來源。

這一刻，你會意識到，站在過往的廢墟之中，永遠也無法找到平靜。只有開始建立新的事物，你才能繼續走上人生的道路。

一旦建立一種新的生活，讓你能夠深深地沉浸並投入其中，同時也讓你覺得興奮而有趣，那麼隨著時間的推移，你就會放手，並慢慢地忘記過去。

如果試圖強迫自己對某件事情「放手」，我們就會抓它抓得比以往更緊、更用力、更激昂。這就像是如果有人告訴你說，不要去想像一頭白色的大象，那麼下一刻，你就只能夠把注意力放在想像白色大象這件事情上。

在這方面，我們的心跟頭腦的運作方式是一樣的。只要告訴自己非放手不可，我們的執著就會陷得更深。

所以，千萬不要告訴自己要放手。

相反地，告訴你自己，只要需要，想哭多久都可以。你可能會碎成一片片、變得一團糟，讓自己的生活土崩瓦解。告訴你自己，就算自己的核心根基灰飛煙滅，那也沒有關係。

你會發現，自己依然屹立不倒。

在失去之後，你所建立的一切，將會是如此深刻、如此迷人，你會意識到，也許失去是宿命的一部分。也許它喚醒了你內在的一部分，如果沒有被逼到絕境，這部分可能會一直處於休眠的狀態。

如果你確定自己無法放棄那些傷害你的事物，那就不要放棄。

但今天踏出一步，明天再踏出一步，逐步重建新的生活，為了你自己。一點接著一點，一天接著一天。

因為遲早有一天，你會發現自己在過去的一小時中，並沒有想到那些人或那些事。然後是一天，然後是一週……然後你生命中的許多個年頭和歲月就這樣過去了，而那些你曾經以為會擊潰自己的一切，都變成了遙遠的記憶。你回首往事，會心一笑。

你所失去的一切，都會讓你深懷感激之情。隨著時間過去，你會發現那不是一條道路，而是道路上的阻礙。

釋放陳舊經驗的心理技巧

一次經驗的結束，並不意味著它就會從你的心中消失。

我們會把沒有了結和沒有解決的情緒體驗儲存在體內。我們經常會發現生命中的某段經歷留下的傷害或創傷，妨礙了我們認知能力的發展。我們嚇到了，我們從未克服的那個恐懼，最終導致我們停止成長。

我們往往沒有意識到的是，傷害我們最深的經歷，通常並不是那些我們其實漠不關心的事物：在這些事物中，潛藏著我們深深想望或仍然渴望的東西。我們不是因為失戀而心碎，而是因為想要得到不適合自己的愛情而心碎。我們不是因為失去而覺得天崩地裂；之所以覺得天崩地裂，是因為自己太想要讓那個人或那件事留在我們的生命中。

即便精神被困在這些地方，但我們仍然渴望從中獲得某種體驗。我們沒有意識到的是，必須將自己從中解放出來。如此一來，才能夠繼續前進，並從這一刻開始，真正地創造出想要獲得的那種體驗。

我們曾經對生活抱持著一些美好的想法，然而事實證明那些想法終究不可行。但是，與其只是片面地接受這些想法不可行，更是要能夠看到自己所渴望的事物核心是什麼。與此同時，也要找出一種方法，讓現在的自己仍然能夠擁有那樣的體驗。

如果你是真心想要釋放掉過去的經歷，那麼必須透過讓自己的記憶重新回到那段經歷中。閉上雙眼，找到體內那股令你不適的感受。

這麼做，可以讓你進入那股感受的根源。跟隨著自己的感覺前進，讓它告訴你源頭在哪裡。你會想起某個時間、某個地點，或某段經歷。有時候如果記憶夠鮮明的話，就不需要這麼做，只要想像自己回到一切的起始點，就能重新進入那段記憶。

現在你要做的，就是告訴年輕的自己一段話。要想像這個已經從創傷中痊癒、快樂而年長的自己，正在傳授年輕的自己一些智慧。

想像一下，年輕的自己心碎了，而你坐在他們身旁，給予他們非常具體的指示，告訴他們為什麼遇到這種事情其實棒透了，因為雖然他們還不知道，但之後將會有另一段好上加好的戀愛關係。

想像一下，年輕的自己感到萬分沮喪，而你坐在他們身旁，給予他們明確的指示，告訴他們需要做些什麼才能讓自己感覺好一些：需要打電話給誰、需要去哪裡、需要開始做些什麼，以及需要停止做些什麼。

最重要的是，想像一下，你告訴年輕的自己，所有的一切——沒有錯，一切的一切——都會好起來的。他們的恐懼泰半毫無根據，好事即將來臨，生活終將變得美好。

你必須這麼做，才能夠釋放掉舊有的連結，並讓那一部分的自己重新連結這個當下，以及此時此刻所存在的一切。

雖然你沒有辦法改變過去發生的事情，但透過改變自己對它的看法，就可以改變現在的狀態。你可以改變自己的生命故事，也可以改變自己的生活。你可以不再執著於過去的生活，因為在那段生命中，你被要求成為另一個人，而不是本來的你。

事實上，如果以不健康的心態執著於過去的某件事情，對它的看法往往會產生扭曲。我們沒有看到現實的本來面貌，需要幫助自己拓寬思路，向真相敞開大門。我們不應該去渴望當時沒有得到的東西，而是必須從過去中釋放自己，並把自己的精力投入到現在，從而建構新的體驗。

一旦這麼做，就能獲得自由，並踏進擁有無限可能的領域。我們可以自由自在地成為夢寐以求的自己、構築自己夢寐以求的想望、擁有自己夢寐以求的事物。就在此時此刻，一切都將發生。

回想過去，並不表示你想回到過去。

無法忘記過去發生的事情，並不表示願意一次又一次地重溫過去，儘管此時此刻，你的確深深地回到了那段黑暗的日子。

關於生命最瘋狂的事情，在於它會默默地不斷前進。你失去了最親近的人，世界會給你幾天的時間哀悼，然後你就得繼續前進。你經歷了如此改變人生、改變思維、造成嚴重創傷的事情，然後發現社會對於你的恐懼容忍度極其有限。

下列的事情是被容許的：你可以哭泣。如果你表現得很傷心，或者取消了一兩個計畫，人們會原諒你。你可以休個幾天假，也可以找個人聽你宣洩幾次的情緒。

但是，在請心理健康假的那一天，面對那件撼動你生命的大事，面對它那壓在你身體與心靈每一寸的沉重負荷，你依舊還沒有辦法消化，也依舊還沒有辦法承受。這個世界沒有給你足夠的時間來做這件事，所以你把工作做得一塌糊塗。你繼續過著日子。

有一天，你一覺醒來，發現無論從哪個角度來看，你都已經向前邁進了。你距離自己的出發點已經很遠了，甚至有些記不清當時的情況。然而你低估了一個事實，那就是你雖然可以離開一個地方、一個人或一種情況……但卻無法離開你自己。

對於自己會不斷回想起過往這件事，為什麼會覺得不可思議呢？你沒有機會照亮那段黑暗的日子，也沒有機會從正面的角度看待那個時期。你根本沒有因此而得到任何東西。思緒深陷於過往時，並非意味著你想回到過去，而是因為你所受到的影響，遠比自己意識到的還要深得多，而且體內依然迴盪著一次接著一次的餘震。

表面上看起來，它們只是一個又一個的想法，然而在表面之下，它們卻是深深的迴響，那樣的震盪足以讓你回到彼時彼地，彷彿你從未離開。

你可以離開這個國家、走入婚姻、建立全新的事業、跟另外十二個人約會、找到一個全新的朋友圈，感受到前所未有的快樂和充實，但依然會為年輕時的自己所經歷的一切感到悲傷。

儘管你的外表不同了，但內心的那個部分依然存在。那個年輕的自己不僅希望你繼續走下去，還希望你轉過身來承認它。

儘管外在的容貌有了變化，但那個部分的你仍然存在體內。年輕的自己不只是希望你繼續前進，它還希望你轉過頭，接納那段經歷。

隨著時間的流逝，你會的。

擁有這樣的感受，你並沒有錯，也沒有任何毛病。你對自己的情況所做出的反應，跟任何健康的人都一樣。如果是其他人面對同樣的處境，也會做出一模一樣的反應。他們也會有一模一樣的感受。

你是一個健康的人，經歷了一些創傷，並據此做出了反應。

你之所以繼續前進，是因為必須要往前走。你的心理狀態正常，沒有病重到要完全斷絕過往的地步。

事實上，你還能夠回憶起發生過的事情，這說明了你比自己想像的更健康，比自己意識到的更願意療癒那段過往，比自己想像的更願意原諒。所有困擾你的事情，都在意識中一一浮現，讓你得以看見它，並優雅地轉身離開，與它道別。

你已經不是過去的自己了，縱使那些碎片仍然是你的一部分。

你並沒有因為痛苦而崩潰，你正在看著自己走出痛苦。

═釋放掉不切實際的期望═

唯有把自己的身體扭曲成想要的樣子之後，才說自己愛這樣的身體，這並不勇敢。

等到擁有了世界上的一切，才說不在乎財產，這並不勇敢。

等到擁有了夠多的金錢，才說自己的目的不是為了錢，這並不勇敢。

如果只有在修復了每一個瑕疵、克服了每一個挑戰，並且顯而易見地「從此過著幸福美好的生活」之後，才找得到幸福與平靜的話，那麼你其實還沒有解決掉任何問題。

你只是強化了自己這樣的想法：除非一切都很完美，否則你就不會好起來。

事實上，就算修復了每一個瑕疵，並稱之為療癒，但其實你並沒有改變自己的人生。

一旦能夠以自己的本來面目示人，人生就會改變。一旦能夠在想要繼續前進的同時，也能安適快樂地活在這一刻，人生就會改變。一旦就算外貌並非盡如己意，但依然能夠愛這樣的自己，人生就會改變。一旦你對金錢、愛情、人際關係，都有一套自己的原則；一旦你對待陌生人的態度，就像對待公司執行長的態度一樣好；一旦你可以用管理一萬元的心態去管理一千元，你的人生就會改變。

一旦開始做超級可怕的事情，也就是以自己的本來面目示人時，你的人生就會改變。

生活中存在的大多數問題，其實都是些煙幕彈，掩蓋了背後的真正問題。而真正的問題在於，此時此刻的我們，這一分這一秒的我們，活得並不自在。

因此，我們必須先療癒這個問題，必須先解決這個問題。因為其他的一切問題都是由此產生的。

我們必須勇敢地面對自己的不適，著手處理，即便它讓我們腸胃翻騰、面容消瘦，讓我們確信自己永遠也找不到解方（但我們會找到解方的）。我們必須聆聽問題的所在，去感受它，去穿越它，去允許它的存在。

事實上，這種不適感才是真正問題的根源。而我們之所以會需要忙東忙西，試圖解決不停冒出的、一個接著一個的疑難雜症，正是因為它們是深層的問題所誘發出來的。

如果覺得金錢沒有問題了，就會開始去想身體的問題；如果覺得身體沒問題了，就會開始去想感情關係的問題。一旦能夠掌控自己在乎的每一件事物，我們就會從頭開始，嘗試讓自己的渴望更上一層樓、嘗試改變、嘗試修復、嘗試去找出一個問題——任何問題都行，但一定不會是手頭實際需要解決的問題。

一旦以自己的本來面目示人，生活就會發生徹徹底底的改變。

你會開始接受真真切切的愛。你會做最順手、最有利可圖、最不費力的工作。你會歡笑，會重新享受生活。你會意識到，只是需要找東西——任何東西——來把自己的恐懼整個投射出去，於是你選擇了生活中最脆弱也最常見的問題。

一旦開始以自己的本來面目示人，你就不會再做這些拐彎抹角的事情，而是直指核心。你會向全世界宣告，就算所有人都看見了你的價值，你珍愛的對象也不會只限於自己。

就算家財萬貫，你也不會愛錢如命。

就算居於高位，你也不會頑固不知變通。

就算有人愛你，你表現出來的情緒也不會只有開心。

一旦做回自己，你就會打破這種行為模式。

生活的美好，將不再只屬於某個你或許永遠也不會成為的自己。

在知道如何允許自己擁有各式各樣的感受，並且把這些感受表現出來之前，你猶如身陷一場遊戲中，得要不斷向自己解釋，為什麼沒有辦法對生活擁有美好的感覺。還沒從黑暗中脫身之前，你不得不壓抑那樣的感受，並將之投射到其他疑難雜症上。但再也不會發生這種事了。

你要以現在的姿態出現，拿走屬於你的東西，而不是屬於某個想像中自己的東西。而不是你認為世界所認為的你值得擁有的東西。你，此時，此地。

這才是真正的療癒。

事實上，宇宙並不允許完美的存在。沒有斷裂和缺口，就不會有成長。大自然仰賴不完美。斷層線造就了一座座的高山，恆星因內爆而成為超新星，一個季節的死亡造就了下一個季節的重生。

你降生此世，並非為了確切實現自己腦海中的每一個想望。你降生此世，並不是為了要準確無誤並準時地做好每一件事。如果要做到這一點，就需要剝奪掉自己生命中的自然率真、好奇心，以及對人生的驚嘆。

讓該離開的離開，留給自己一條康莊大道

那些不屬於你的人或物，無論再怎麼強求，也無法得到。

你可以拚盡全力。可以盡可能地堅持下去。可以強迫自己腸枯思竭地運用大腦找出各種跡象。可以要朋友按照你的解讀去閱讀那些簡訊和電子郵件。你可以確信自己知道什麼對你最好，也最適合你。在大多數的情況下，你可以等待。

你可以永遠等待。

但不適合你的東西，永遠也不會留在你的生命中。

無論是工作、人或是城市，如果不適合你的話，你也假裝不來，即便你的確可以假裝一段時間。你可以跟自己玩假裝遊戲，可以為自己辯解，並給自己下最後通牒。你可以說自己只是想要再嘗試一段時間，也可以找藉口解釋為什麼現在事情進展得不順利。

事實上，適合你的人事物會來到你身邊，伴你左右，不會離開你太久。事實上，適合你的東西，會帶給你清楚明晰感；而不適合你的東西，則會帶給你困惑不解感。

在嘗試把某樣不適合你的東西，硬生生地說適合自己時，你就會陷入困境。如果嘗試把一個並不適合你的東西強加入自己的生命中，你會變得分裂，從而使一個自己無法解決的內在衝

突滋長。其矛盾感越強烈，你就越會把它誤認是熱情。可是既然不適合你，為什麼你會產生如此強烈的情感呢？

這件事情確實辦得到，因為你可以用自己的大腦去執著。你愛上的可以不是現實，而是它潛在的可能性。你可以為之創作並編排一支支優美的舞蹈，來講述等到一切終於塵埃落定之後，你將如何度過自己的每一天。你可以寄望於一種幻想的生活，在這種生活中，認為自己想要的一切，都已經在日常生活中扎根了。

但如果你期望的事情沒有發生，那麼這事終歸不過是幻想一場。而倘若我們開始深深地相信一個幻覺時，那麼這個幻覺將成為錯覺。而錯覺可是非常具有說服力的。

事實上，不適合你的東西，不會永遠留在你的身邊。雖然你可能想假裝不知道情況是否真的如此，但其實你知道。你能感覺到。這就是為什麼你必須抓得那麼緊，怎麼也不肯鬆手的原因。真的適合你的東西，是不用牢牢緊握的。你不必說服自己說，那些東西真的適合我。你不必把證據排成一排，好像在為自己辯護。

有時候，我們會迷失在舊夢中。迷失在別人希望我們擁有的生活中。我們的思維會陷入僵局，不斷去想自己應該成為什麼樣的人，或者應該擁有怎麼樣的生活。我們會被腦子裡浮現的各種想法弄得暈頭轉向，想著如果一切都不一樣，如果一切都能順利進行，情況**可以**變成什麼樣、**應該**變成什麼樣。

這就是為什麼生活會提供我們這種保險服務。有時候，當我們不願意親眼看到自己的錯誤時，生活就會把錯誤的東西從我們的身邊拉開。

因為事實上，我們其實不想要不適合自己的東西；我們只是對它產生了眷戀而已。我們只是害怕。只是陷入了這樣的假設：沒有什麼更好的東西可以取代它，它的不存在將打開一個無盡而無限的痛苦之井，而這些痛苦是無解的。我們其實不想要不適合自己的東西；只是害怕放棄掉我們認為會讓自己安全的東西。

有趣的是，沒有什麼比起握緊不適合自己的東西，更讓我們沒有安全感的了。沒有什麼能比它更快讓我們崩潰。沒有什麼能比它更讓內心產生混亂。

不適合你的東西，不會永遠留在生活中，這並不是因為有超越我們的力量，在操控日常生活中的瑣事。不適合你的東西之所以不會留在身邊，是因為在內心深處，你知道它是不對的。最後選擇放手、看清現實並離開的人，是你。是你在抗拒、阻擋，編造療癒性的幻想，幻想著當你迫使不適合自己的事情最終適合自己之後，一切將變得多麼美好。

不適合你的東西，不會一直留在身邊，因為你其實並不想要它，所以根本不會選擇它。等到準備好了，你就會離開；等到做得到了，你就會放手。而你將意識到一直以來你真正愛上的，其實不過是一個讓你感到安全的、因為光線的角度而引發的幻覺而已。

走出情緒創傷

從比喻的意義上來說，你可能認為創傷就在自己的腦子裡。然而它就藏在你的身體裡。創傷是指你被某些事情嚇到，並且無法克服這種恐懼所發生的情況。如果不能解決或「擊敗」它，就會陷入持續性的戰或逃狀態——基本上，這就是人類為了求生而產生的恐慌反應。

創傷是一種與基本安全感脫節的經驗。除非能夠重新建立這種連結，否則一種別具破壞性的偏見會扭曲你的世界觀：你會變得高度敏感，這意味著用自己的觀點曲解他人的話、過度思考、過度反應，無害的刺激也能誘發情緒反應，將中立的情況解讀為針對自己，並繼續處於心理的「戰鬥模式」中。

在經歷創傷之後，大腦會暫時重塑自己，以尋找任何事物中的潛在「威脅」，這會使得你一方面很難從最初的問題中走出來，另一方面也很難在事後不發展出受害者情結。畢竟大腦確實正在試圖要讓你看見，這個世界會用來「對付你」的所有可能想像得到的方式。

這就是為什麼暴露療法對於治療恐懼或焦慮是如此有效。透過逐漸將壓力源重新引入某人的生活中，並讓他們看見自己有能力處理的話，大腦就能夠恢復到中立的狀態，因為控制感和安全感正在重新建立。

這也是為什麼，那些在創傷事件發生之前擁有較強的社會連結和心理彈性的人，更有可能利用該事件作為自我反思、自我成長、同情他人和療癒自己的催化劑，而不是陷入自我毀滅。他們與每個人都不可或缺的「安全感」這種感覺，有著多重的連結，因此即使其中一個連結受到侵蝕或中斷，其他仍然存在的連結一樣還是會負擔起這個責任。

☆創傷事件後，你的大腦會發生什麼變化？

從神經學的角度來看，大腦會透過三個部分來處理壓力。

第一個是杏仁核，第二個是海馬迴，第三個是前額葉皮質。患有創傷後壓力症候群（PTSD）的人，海馬迴（情緒和記憶的中心）較小，杏仁核功能（反芻性思考和創造力的中心）增強，內側前額葉／前扣帶迴功能（控制複雜行為——例如計畫和個人發展等等——的中心）下降。

既然如此，我們就不難理解，為什麼創傷往往會對我們產生以下的影響：

- 大腦不再有辦法處理完整的記憶，只留下發生過的事情片段，有時會產生斷裂感。
- 我們管理各種情緒的能力下降。
- 我們會變得過度壓抑和思維僵化，難以規畫未來，自我發展和自我實現也陷入停滯的局面。

• 進入戰或逃狀態時，身體會徹底停止任何非生存所必需的進階功能。身體的主要受體對刺激變得極為敏感和過度反應。這是人類美麗而重要的一部分；它讓我們這個物種得以生存下來。然而，這並不是一種應該持續存在的狀態。

幾個世紀前，當我們處於自我實現的較低層次，或也可稱為馬斯洛的需求層次底層時，我們最關心的是物質層次的生存形式。如今，生活的重心則主要集中在自我實現和生命意義上，並試圖透過社會接納、金錢或智力來獲得「安全感」。

考慮到所有這些灰色地帶，很明顯的是，儘管有更多物質上的挑戰需要克服，但相較於過去，現在有更多人會在精神和情感方面陷入困境。

歸根究柢來說，想要從這種狀態復原，其實非常簡單，那就是恢復一個人的安全感。然而，在這個復原過程中最重要的部分在於，必須在帶給你創傷的同一生命領域中重新建立安全感。

通常情況下，如果一個人在年輕的時候因為一段感情關係留下了創傷，他們就會轉而把精力投注到重視自己的吸引力或成功上。對他們來說，認為只要自己「夠好」，就永遠不會再被否認或拒絕。然而，我們都知道事實並非如此。這麼做，實際上只會讓我們對這些東西產生不健康的、帶來自我破壞的執著。

如果是因為一段感情關係而留下創傷，我們可以透過建立其他健康、可靠的感情關係來恢復自己的安全感。

如果是因為金錢而留下創傷，我們可以想盡辦法確保自己不虞匱乏，並且擁有一筆以備不時之需的儲蓄來恢復自己的安全感。

如果是因為失業而留下創傷，我們會透過擁有一個備案或兼職工作來恢復自己的安全感，以防這種情況再次發生。

如果是因為遭受霸凌而留下創傷，我們會透過尋找新的朋友來恢復自己的安全感。

而大多數人試圖在做的，就是在生活中的某個領域過度補償，問題是該領域卻非問題的真正所在。比如說，如果有人在人際關係遇到困難，他們就會囤積金錢來讓自己覺得「安全」。當然，這麼做總是徒勞的，因為問題永遠也得不到解決。

你的創傷不是「在你的大腦裡」；它實際上是大腦狀態的改變，而幫助你的身體恢復到正常狀態的唯一方法，就是重新創造出安全感，讓你「關閉」生存模式，恢復正常生活。

釋放掉積累的情緒

你所積累的情緒就像你的電子郵件收件匣。這個比喻或許聽來簡單，卻相當貼切。在經歷各種情緒時，就好像身體一次次地發簡短的訊息給你。隨著訊息逐漸累積，如果你從不點開去閱讀的話，最後會收到一千多個通知，完全忽略了要推動生活前進所需的關鍵訊息和重要觀點。同時你也不可能整天坐在那裡，每條訊息來了就立刻回覆，那樣你就永遠也完成不了任何事。

認為情緒的感受與否具有可選擇性的想法是錯誤的。我們其實沒得選擇，只能去感受。但我們是迴避自身感受的大師，可以透過許多方式來做到這一點。通常的做法是，依賴那些能讓身體麻木的物質、利用投射和批判來把注意力放在他人而非自己的錯誤上，追求各式各樣世俗的事物；而在最基本的層面上，我們會成功地將自己的身體繃得緊緊的，以至於變得沒有辦法感受。

從心理上來講，你八成知道這麼做撐不了多久。積累的情緒最後開始堵塞。你不得不坐下來、渾身一動不動、睡覺、哭泣，感受這一切。

我希望這裡會有一些詩意的、神祕的真理可以分享，但是沒有。這裡只有你的身體，還有去感受那些情緒時體內發生的生理現象。

情緒是一種生理的體驗。我們會定期沖刷掉體內的一切。我們會排便、出汗、哭泣，每個月都要徹徹底底蛻掉自己的全身皮膚。情感也是一樣，它們也是必須要釋放掉的經驗。

如果沒有被感受到，情緒就會變得具體化。它們真的會卡在你的身體裡。這是因為它們擁有一種稱為「動作成分」（motor component）的東西，這意味著情緒在誕生的那一刻——在你抑制或忽視它們之前——就會激化身體特定部位的肌肉。

我們經常會將痛苦和緊張儲存在身體的某些地方——情感表達就從那裡開始——但我們卻從未將那份感受完整地表達出來。

因為從神經學的角度來說，大腦裡負責調節情緒的部分——前扣帶迴——緊鄰前運動區，這意味著身體在處理完某種感覺之後，就會立即產生身體上的反應。前運動區連結到運動皮層，然後再延伸到表達情緒的特定肌肉。

哪種肌肉能表達哪種情緒呢？這要看情況。

我們可以把很多種說法當成線索，知道哪些情緒會給哪些地方帶來怎麼樣的生理反應。通常是胃部感受到恐懼（例如「胃腸翻攪」），胸部感受到心痛（這就是「心碎」一詞的由來），肩膀感受到壓力和焦慮（例如「全世界的重擔都壓在肩膀上」），頸部感受到人際關係問題（例如「如鯁在喉」）。

但實際情況卻是更深層。比方說，有人對你做了越界的事情，你本能地想對他大叫。但因為你知道真的大叫出來是沒有效用的，所以你忍住了。雖然這在當下可能是正確的做法，但你的身體可能會在頸部或喉嚨部位儲存殘留的緊張情緒。在其他情況下，人們可能會體驗到情緒帶來的、更抽象的身心影響，比如在生活中因「向前進」一事而留下創傷時，膝蓋或腳部就會發疼等等。

事實上，身體是在用無聲的符號向我們說話。如果能夠學會解讀身體在說些什麼，我們就能以一種全新的方式來療癒自己。

所以你現在知道，情緒如果沒有完全表達出來的話，有時候會儲存在身體裡。既然如此，該如何擺脫它們呢？

有很多方法可以用來做到這一點，重點是對你來說有效就好。沒有放之四海而皆準的方法，但有幾種方法往往對大多數人都很有效，特別是同時搭配使用的話。

☆不要透過冥想去感受平靜；開始透過冥想去純粹地感受。

我知道，這有悖於你聽說過的、關於冥想的一切。但實際上，這正是冥想的重點所在。如果你坐下來進行十分鐘的冥想，並試圖強迫自己變得放鬆又輕盈，那麼你實際上是在壓抑，而最初正是因為同樣的壓抑，才會使得你需要冥想。

相反地，冥想的重點在於，你靜靜地坐著，感受到所有浮上腦海的情緒：憤怒、恐懼、悲傷、心靈裡數不清的各種碎念……而無論它們有多麼想誘使或觸發你做點什麼，你都要學會保持靜止，不對其做出反應。你要學會讓這些想法和感受出現，然後不做出任何反應，就讓它們過去。

這需要練習。

☆使用呼吸掃描法來尋找身體中殘留的緊張。

通常不需要耗費太多額外的精力，就能找出身體儲存痛苦的部位。你自己就能感覺到。會是在你的胸部、腹部、肩部，任何帶給你困擾的地方。

但如果你不是很確定，或者想要找到那個痛苦的確切位置，那麼可以做一種稱為「呼吸掃描法」的動作。在這個過程中，要慢慢地吸氣和吐氣，在呼吸與呼吸之間不要中斷。這樣做的時候，會開始注意到你可能在某個時間點遇到「麻煩」或是打嗝。在呼吸的過程中，你會準確地感覺到身體裡的哪個地方儲存了緊繃的情緒。

一旦知道以後，就可以更深入那種感覺，想像它是什麼、來自何處、它想要你知道什麼。通常在這種情況下，我們會被帶往一些特定的記憶，或是跟過去的自己碰面，因為他們需要幫助或引導。用日誌寫下你的經歷和所見所聞，並記住身體經常是用隱喻的方式在表達，所以不一定要從字面上去理解那一切。

☆流流汗、動一動、哭出來。

要釋放自身情緒時，最後、最難、最重要的部分，也是你實際上唯一要做的事情就是……必須去感受它們。

有時候，這表示你會有種糟糕透頂的感覺。有時候，這表示你要強迫自己運動、做瑜伽、伸展、散步，或者直接面對那些會刺激情緒的諸多想法，然後讓自己大聲說出困擾你的事情。

請記住，健康的情緒狀態並非永遠保持平靜和快樂，而是允許自己有各種情緒——包括好與壞——而且不會太執著於任何一種情緒。同樣地，心理健康和自我掌控也是一種能力，讓我們能看到、感受到和體驗到一種想法，但不對其做出反應。如果能夠自由選擇是否回應，我們就能夠重新獲得自己的力量，也重新找回我們的生命。

你生來就不是完美的。

你生來就不是為了要永遠快樂的。

但是，如果每天都能致力於做一個完整的人，縱使害怕的時候也不逃避那樣的感覺，那麼你就能以一種非常美麗的方式超越自我。

療癒心靈的真正意義

療癒心靈與療癒身體是不同的。身體受傷時，你通常會經歷一個循序漸進的線性修復過程。你會越來越好，直到有一天幾乎回到原先的狀態為止。

療癒心靈則是完全不同，因為你不會再變回以前的自己。你是在清空自己，成為一個全新的人。

如果這樣的說明看起來有點暴力和殘酷，那是應該的。進行療癒並不是一場舒適又健康的美好昇華，也不可能一次到位，終生有效。療癒自己，是你所做過最不舒服、最具破壞性，但也最重要的事情。

自我療癒就是回歸到最自然的狀態。這種狀態渴望個人的自由、不盲從他人充滿壓迫的意見、心無疑懼地創造、毫無畏懼地展現自我，並且不帶規定、協議和條件地愛人。真正的你，既是你可能從未想過的、最好的自己，也是一直以來最本質的自己。

要如何達到這樣的境界呢？需要很多的努力。

自我療癒需要你誠實地盤點自己心中的怨恨和攻擊性，以及一直以來忽視的渴望和恐懼的根源。自我療癒要求你準確地評估自己的生活出了什麼問題，這樣才能努力改正。自我療癒要求你完全誠實地表達自己的真實感受，然後要求你切切實實地感受到它。

自我療癒需要你感受縈繞在內心深處揮之不去的心痛，而不是下意識地重新創造這種體驗，這樣你就有了一個得以釋放這種心痛的出口。自我療癒不再是試圖把自己的經歷漂白得乾乾淨淨，清洗到這段經歷變得潔白無瑕。

一旦認定某種情緒讓自己覺得不適，你就會切斷並深埋那種情緒；而自我療癒則需要你充分地感受那些埋藏已久的情緒的整個面貌。自我療癒需要你面對內在的每一絲黑暗，因為在看似堅不可摧的屏障之下，是完全、徹底、絕對的自由。一旦不再害怕去感受任何事情，一旦不再抗拒生活中的任何部分，神奇的事情就會發生：你找到了平靜。

讓我把話說清楚吧：你不會永遠受苦。這種痛苦不會持續太久。但是，如果你欺騙自己說，療癒會讓情況逐漸好轉，直到你走出過去的所有經歷，並能回到受創前的自己……那就大錯特錯了。

我們注定要經歷這樣一段時期，有些人稱之為「正向非統整」（positive disintegration）。這時，我們必須調整自我概念，使自己成為一個能夠應對所處環境的人，甚至是一個能夠在這樣的環境裡茁壯成長的人。

這是健康的。這是正常的。這就是我們應該做出的反應。

但我們卻畏縮了，因為這會讓人感到不舒服。這個世界教導我們，舒適和自在是應當追求的生活美德與價值，而表面上風平浪靜、萬事太平的生活更應是我們心之所向。然而，真正的自我療癒沒有辦法立刻給予這些，甚至還會打破一些我們曾經深信不疑的幻象。

自我療癒的功能不只是用最快的方式讓我們感覺自己有比較好。自我療癒會隨著時間的推移，幫助我們慢慢建立正確的生活。自我療癒輕聲呼喚我們回首過往，承認自己曾在何時何地猶豫不前。自我療癒是回過頭去解決錯誤，並且回到內心，解決最初讓我們陷入困境的憤怒、恐懼和狹隘。

自我療癒就是願意忍受改變帶來的不適，因為你拒絕再忍受一秒鐘的平庸。事實是，我們無法逃避不適感；無論身在何處，它都會找上門來。但是，我們的不適要麼是出現在突破自我設限、打破自我界限、成為夢想中的自己時，要麼就是出現在另一種情境：我們坐著，一次又一次深陷在編造出來的恐懼中。而那樣的恐懼只是一個藉口，因為我們想要以此來辯駁自己為什麼不站起身並展開行動。

一開始，自我療癒會相當困難。這意味著要誠實地審視自己，也許這是你人生的第一次。這意味著要走出自己的舒適圈，這樣才可以朝理想中的自己跨出飛躍性的一大步。自我療癒並不會讓你更輕鬆舒服、無所事事。自我療癒能讓你從不適中獲得更多的動力，而不是害怕不適；自我療癒能讓你從平靜的時刻中獲得更多的靈感，而不是利用它們來鑄造憂慮的枷鎖。

自我療癒會改變一切，但這件事情必須從願意感受你害怕去感受的東西開始。讓我把話說清楚吧：成為最好的自己，是你與生俱來的天賦。這是你生來就要做的事。自我療癒只是在釋放病灶——也就是限制性想法和恐懼——而已，因為正是它們阻止你去做到這件事情。

自我療癒並不是要讓你回到原來的自己，因為那個人還沒有能力在風暴來襲之前看到它，而且那個人也不知道如何保護自己免於受到風暴的影響。

你不應該回到那個天真無邪、不那麼疲憊，或更不自知的狀態。你不應該回到那個無須動腦的幸福生活。在這樣的生活中，你不知道各種生命狀態的差異、不知道痛苦，也不知道生命會丟給你所有的好與壞。

經歷過自我療癒後，得到的將遠遠不止這些；你只是沒有經歷過，所以還不知道而已。經歷過痛苦的事情，能讓你變得更有彈性、更自立自主、更有力量。

你意識到沒有什麼會來拯救你，所以必須開始拯救自己的工作，而這就是你生命的全部目的。

開始這項工作之後，你就會發現自己的內在力量。你會意識到擁有權力和影響力，可以制定策略，並重新調整生活方向。你會意識到，與其仰賴那些自己根本無法控制的事情，生活其實可以建立在你所做的事情上。

自我療癒之後，你曾經受傷的地方如今變得更強壯了。你曾經自負的地方，如今變得腳踏實地了。你曾經疏忽大意的地方，如今變得富有責任感了。你變得更善解人意、更能幹、更有意識。你變得更體貼、更有同理心、更細心、更謹慎。

但你不需要更恐懼。

恐懼不會保護你。行動才會。擔心不會保護你。準備才會。過度思考不會保護你。理解才會。

在創傷事件過去之後，我們之所以還抱著恐懼和痛苦不放，是因為將其視為一種安全網。我們錯誤地相信，如果不斷提醒自己那些沒有預料到的可怕事情，自己就可以避開它們。這麼做不僅沒有作用，而且如果類似的事情真的又發生了，反而還會降低應對它們的能力。

因為大多數時候，你忙於擔心衣櫃裡的怪物，卻忘記解決那些會長期侵蝕你的實際問題：你的健康狀況、人際關係、長期願景、財務狀況、思維想法。

徹底康復之後，你就不會再忍受不適。問題發生時，你會意識到那是錯誤的，並採取行動加以解決，因為你已經見識過不這麼做的後果。

徹底康復之後，你就能夠洞燭機先，並且理性地考慮因果關係。你清楚地知道自己的各種行為會產生各種結果，倘若想要讓生活變得更好，就必須逐步改正自己的習慣。

徹底康復之後，你就會意識到，沒有什麼比享受此時此地此刻的生活更重要的了。無論有什麼障礙讓你無法活在當下、享受生活，都必須好好面對。

因為生命是短暫的。你現在所擁有的，明天就有可能會失去。而緊緊地抓住它、束縛它、意圖抵抗，也不代表情況會更安全。這意味著當有一天它消逝之後——萬物都會消逝，人人都會消逝——你會意識到自己從未真正享受其中。

那麼療癒的功用呢？就是讓你懂得這世界上縱有再重要的事情，也比不過自己的人生。把自己這個簡短、而且只有一次機會的人生過得好，比什麼都重要。

往前進不是為了報復

你內在的蛻變重生，別人可能會看不見。因此從表面上來看，你可能不會給人一種有所轉變的感覺。

在一個努力擁有完美的身材，只是為了讓前任情人後悔的世界裡；在一個感情關係不斷分分合合的世界裡；在一個大家都想說服你，應該要在ＩＧ動態消息內，一次次貼出自己最終轉變成功結果的世界裡，我們已經失去了自我療癒、自我改進、接受新生活的真正意義。

真正的蛻變重生並不是為了要讓你證明自己是對的，而來自你過去的那些人都是錯的。真正的蛻變重生是你終於對自己的人生感到如此滿足，也對自己的未來充滿希望，以至於完全不會再去想起那些來自你的過去的人。

如果你想改變自己生活的動機，就只是為了讓生活看起來有所不同的話，那麼這樣的你其實還是太過在乎那些根本不愛你也無意愛你的人的觀點。

你自己也總是可以分辨出兩者之間的差異。真正蛻變的人不會只關注事物的表象。他們現在的生活，只全神貫注在事物帶給他們的感受，專注於事物在所有表面下的真實樣貌。

真正的蛻變重生是貨真價實的。它會揭開所有覆蓋其上的、亂七八糟的偽裝，然後去解決真正的問題。它是有療癒力的。它是會帶來正向改變的。人生當中，這是你第一次認為自己的心比別人的注視還重要。

任何人都可以拼湊出一張更好看的圖像。任何人都可以編輯、過濾，將一張又一張的照片並排擺放，創造出一種敘事、一則故事、一個整體的假象。任何人都可以透過花錢，買到美麗；任何人都可以透過努力嘗試，來讓自己更好看；任何人都可以說服得了你，讓你相信他們過得比實際情況還要好。

如果他們一心只想要證明這一點，很可能是因為他們的內心還是如此空虛。

要是你不再操心，相較於十年前的你，現在的你是否看起來更壯、更瘦、更好、更棒呢？

如果你更關心的是，自己是否得到了自我肯定、真誠的人際關係、情緒的釋放、清晰的思維、一份你重視的工作、一本你珍惜的著作、一種更仁慈也更富有同情心的性格，那又會是怎麼樣？

如果你的成就不是那種可以拍成照片，或是用任何方式衡量，也無法透過畫素或狀態更新來試著大致傳達出去的話，那要怎麼辦？你今天感覺怎麼樣？比昨天好嗎？感覺自己更完整、更有自信了？

事實上，生命沒有前後之分。我們總是處於蛻變和轉變的過程。你在等待的那個適合拍照留下紀錄的瞬間、那個某人終於鼓起勇氣再次查找你的檔案，發現你過得非常好的時刻……不過是一場自己的獨角戲，除了你之外沒有任何人參與。

沒有人像你想像的那樣看著你。沒有人會像你期望的那樣想著你。他們都在看著自己。他們都在想著自己。

他們都在讀著自己。

這不悲傷，而是自由。這應該是你獲得最終解放的關鍵所在。

事實是，除了自己之外，沒有人可以證明你是錯的。來自你的過去的那些人不認同你的程度，可能沒有像你所害怕的那麼高。

這樣的解脫，是為了你自己。這樣的成長，是為了你自己。這樣的改變，是為了你自己。這是你人生中第一次面對自己、遇見自己、看見自己。這件事情是關乎你成為那個你知道自己能夠成為的人。這件事情是關乎你終於能夠發揮自己的潛能。

但最重要的是，你要意識到之前的自己並不是最好的自己。

你的表現並沒有符合自己的期望。

你並沒有去做自己應該做的事。

你並沒有成為自己希望的樣子。

每當我們拚命地想要證明別人是錯的，其實是在努力平息自己揮之不去的失望，因為我們並沒有達到自己的期望。

所以，請記住這一點：如果下一次你又想寫一篇很有說服力的、有關自己蛻變重生的故事的話，試著問問自己，為什麼你還在等待別人的認可？

答案幾乎總是，因為你還沒有真的蛻變重生。

Chapter

6

打造新的未來

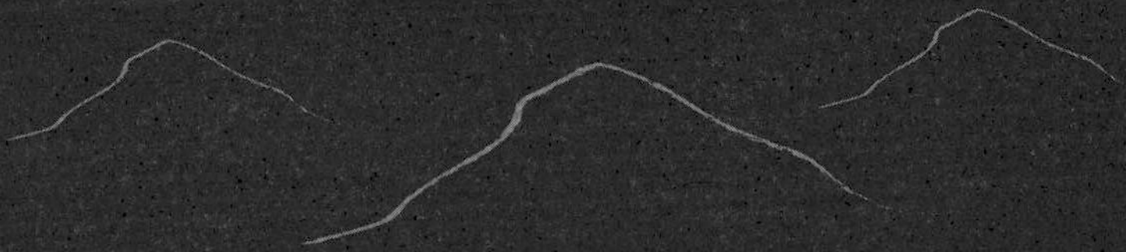

既然你已經完成了釋放過去經驗這個富有挑戰性的工作，那麼現在就必須將注意力轉向建構新的現在和未來。釋放過去的行為就像擦乾淨黑板，我們就能創作更棒的作品。

那些試圖釋放過去卻沒有成功的人，最常犯的錯誤之一就是注意力只停留在過去。現在要做的事情是去設想你想成為什麼樣的人、與最強大的自己建立連結、透過你的日常來設計自己的生活，以及發掘你存在的真正目的。

見見最具潛力的、未來的你

在心理治療中，有一種很受歡迎的治療工具叫做「內在小孩」，也就是想像年輕時的自己，並與之重新建立連結的過程。在這個過程中，你可以引導年輕的自己，甚至回到某些創傷事件中，用你現在擁有的智慧去處理當時的困境。

但更多時候，與內在小孩重新建立連結的過程，就是讓他們與你溝通。這樣你才能夠重新發現自己內在的渴望、熱情、恐懼和情感。

這個過程類似逆向工程，也就是先確定人生的最終目標，然後回過頭來看看自己每天、每週、每月和每年需要做些什麼才能實現這個目標。不過，這種方法也可以反其道而行。你可以使用視覺化技巧，與最具潛力的、未來的自己建立連結。

☆第一步：先面對恐懼

找個安靜的地方坐下來，身上帶著一本日誌。確保當下的環境讓你感到放鬆，並且敞開心胸，願意接受引導。如果你是帶著恐懼做這件事，你就會感到恐懼。

接下來閉上雙眼，開始冥想。花一些時間深呼吸，並把心沉澱下來。想像自己在一間光線充足的房間裡，坐在一張舒適的桌子旁。那個地方讓你覺得快樂而平靜。

然後，邀請未來的自己和你坐在一起交談。你可以要求他們是特定的年齡，但通常在你看到他們的時候，他們的歲數就會浮現在你的腦海。

明確地要求最理想的你——你現在所能找到的——坐下來。如果一開始就看到任何可怕的事情，要知道這是你對可能發生的事情所產生的恐懼的具象化，而不是即將發生的事情的真相。

一旦克服了這一點之後，你就可以開始接受建議了。

☆第二步：注意未來的自己是什麼模樣

除了聆聽想像中的、未來的自己會告訴你的話語之外，還要注意他們的外貌、行為舉止，以及面部表情所要傳達的資訊。

跟未來的自己碰面這個過程的目的，是讓你能夠跟這個面向的自己合而為一。你要清晰地設想出最理想的自己，這樣才能夠知道自己的生活需要如何成長、轉變和改變。

看看他們穿什麼、有什麼感受、每天做些什麼。這些將會是你蛻變的關鍵。

☆第三步：尋求指引

如果在這個過程中你帶著一連串可怕的、巨大的問題要未來的自己回答，那麼你最終很可能會被恐慌所束縛，而不是敞開心扉接受強大的指引。

相反地，無論這個人想與你分享什麼，你都要保持開放的態度。這些訊息應該是積極的、肯定的、令人振奮的，和有所幫助的。即使他們向你傳達的是「**這段關係你該放手了**」之類的訊息，也應該會以一種讓你感到平靜和肯定的方式來傳達，讓你對這段話語充滿信心並且能夠平心靜氣地接受。

☆第四步：想像他們把新生活的「鑰匙」交給你

另一個能夠利用未來的自己進行的強大練習是，想像現在的自己與三年前、五年前，甚至是七年前的自己坐在一起。時間必須夠近，讓你能夠理解這個人，但時間也必須夠遠，讓你能夠知道自己已經有了改變。

想像坐在你過去經常光顧或居住的地方。你現在要做的，就是把現在生活中的小物件和他們需要的所有資訊交給他們，讓他們得以從當時的你變成現在的你。

你可以把車鑰匙、工作用的電子郵件帳戶、銀行帳戶、一件衣服交給他們，或者告訴他們如何調整工作、人際關係或一些日常習慣。

或者也可以想像未來的自己把未來生活中會用到的物件交給你。想像他們交給你房子的鑰匙，或者交給你結婚戒指，或是交給你其他任何一個來自你最美好未來生活一部分的物件。

請記住，這個過程應該會讓你感到平靜、肯定、更有自信，而非相反的情況。恐懼是一種幻覺，是心靈和情感的把戲。未來的自己可以介入，提醒你一切皆有可能，讓你活得更確定、更清晰、更優雅。

將你的過去釋放到量子場

當發生了令你恐懼的事情，而你又無法克服這種恐懼時，就會留下創傷。

創傷是一種與基本的安全感來源中斷的體驗。如果我們對主要照顧者的情感受到了損害，就會造成最嚴重的創傷。但是世界上確實有無數種方式，可以對你造成不同程度的創傷。

關於創傷是什麼，以及創傷從何而來，有很多的理論。有些人認為創傷是透過身體裡的DNA遺傳而來的。另一些人則認為，創傷是透過學習到的行為模式和行為觀察，在精神層面上和情感層面上與人共享的。最常見的說法是，創傷被認為是一種人際交往的經歷。在這種經歷中，我們面臨了挑戰，但又缺乏應對挑戰的能力和心理的因應機制。

無論來自何處，如果你有某種揮之不去的創傷，你就會知道，因為你會感覺到它。你會在身體裡感受到它。你會感到焦慮、緊張、恐懼、驚駭、悲傷或內疚。它會四處移動。它不會有一個明確的、直接的原因。你會對某些事情反應過度，即使問題解決了，還是會驚慌失措。這就是創傷留下的痕跡。

創傷不在你的頭腦中。它在你的身體裡。

要克服創傷，首先要知道這一點，這也是最重要的一點：創傷是一個正正當當的生理問題。你會把這些情緒、能量和模式儲存在細胞的層面。

值得慶幸的是，一如我們可以利用水面的漣漪，來追溯水底發生的問題。你也可以透過使用你的身體，來幫助自己康復。

☆首先，要找出造成創傷經歷的起源。

要做到這一點，你需要感受自己，並注意到自己哪裡緊繃或緊張。身體變硬是為了保護我們。腿部骨折時，筋膜會像天然石膏一樣收緊，這樣我們就不會再像受傷時那樣彎曲自己。同樣地，心碎時情緒也會收緊，這樣我們就不會讓自己再有感覺。

當然，最終我們還是要移動。我們還是要去愛。還是要重新體驗生活。還是要慢慢軟化那些試圖保護我們的、那一部分的自己，這樣我們才能夠繼續前進。

想要療癒創傷，不能只是對創傷進行心理分析。它的確需要從生理方面著手。下一次，在感到自己對某種刺激反應過度時，你會發現自己的身體開始繃緊，並產生戰或逃反應。為了療癒這種情況，必須強迫自己進行具有舒緩效果的深呼吸，直到身體緊繃的部分再次放鬆為止。

你需要以不同的方式來自我舒緩：冥想、呼吸、喝足夠的水、充足的睡眠、使用芳香療法、聲音療法或任何其他適合你的方法。

你絕絕對對要努力讓大腦和身體擺脫恐慌／求生模式。

☆第二，恢復安全感。

你之所以受到創傷，是因為有東西嚇到了你，而且確信它仍然「要來抓你」。在沒有面對或克服困難時，就會出現這種情況——我們認為威脅會無止境地存在。

創傷療癒的心理層面工作要點在於，創傷破壞了哪個部分的連結，你就必須恢復同一個地方的連結。

如果是因為感情關係而留下創傷，那麼就需要建立健康的感情關係。如果是因為金錢而留下創傷，那麼就需要善於理財。如果是因為旅行而留下創傷，那麼就需要再次出發去旅行。

我們並沒有找到能夠永遠迴避這些事情的解決辦法。事實上，在恐懼之下我們往往會發現這些東西才是自己最想要的。

☆第三，不要只看表面的想法和感受。

最後，為了克服創傷，你必須停止使用通靈思維。必須停止假裝自己能夠預測將要發生的事情，停止假裝自己知道別人的意圖，停止假裝自己的感受和想法就是絕對的真理和現實。

這種思維方式讓刺激情緒的某種感受不斷加劇，從而使得你將一件可怕的事情變成了對未來的預測。

你不是先知。你不知道接下來會發生什麼事情，儘管你總是有能力選擇現在要做的事。最令你恐慌的事情幾乎總是那些不確定是否會發生的事情。那通常都是一個假設、一個預測、一個恐懼，搖身一變成了一個可怕的潛在現實。

你可能以為創傷是那些心靈受創更嚴重的人才會擁有的，但事實並非如此。每個人都以某種方式受到創傷，但關鍵在於如何應對，如何在最後從中成長並發展出自我掌控力。我們選擇的應對方式，將會決定我們人生的道路。

成為最強大的自己

你成為最強大的自己了嗎？

如果必須先停下手邊的事情，稍微靜下心來想一想的話，那麼答案很可能是否定的。

每個人的個性都有不同的面向，會根據所處的環境靈活變化。這是一種社會適應工具：和朋友在一起時的你跟和父母在一起時的你，是不一樣的兩個人。能夠遊刃有餘地切換角色，表示此人的心理功能很優秀。

我們都很熟悉在現階段的生活裡需要扮演的自己。我們知道自己在工作、家庭或愛情中，需要成為什麼樣的人。但我們往往不熟悉自己需要成為什麼樣的人，才能推動生活往更好的地方前進。

在「內在小孩療癒」中，你會想像並且面對年輕時的自己（通常會下降到某個特定的年紀，這取決於你是在哪個年齡層的時候留下了創傷）。你與內在小孩交流、向他們學習、保護他們，或給年輕的他們引導。

事實證明這對人們有著深遠的療癒作用。其主要原因為，我們並沒有進化到超越以前的自我；我們只是以他們為基礎再繼續成長而已。

然而，這種療法也可以反向操作。你也可以想像並連結未來的自己——無論是你正在逐漸成為的自己，還是你知道自己終將成為的自己。

☆ 如果是最強大的我，他今天會怎麼做？

要想成為最強大的自己，第一步就是鉅細靡遺地想像他。同時不要讓自己脫離當前的生活環境。開始問自己：最強大的我現在會怎麼做？他們會如何度過今天？他們會如何應對這個挑戰？他們會如何前進？他們會如何思考？他們會有什麼感受？

最強大的自己需要成為你生命中的執行長。他負責制定管理決策，並統管他所有的一切。你也可以稱他為主編、女家長或族長。你是在為最強大的自己工作。

一旦你對最強大的自己有了更清晰的認識，就需要評估哪些習慣、特質和行為正在大力地阻礙你充分地體現這個自己。

☆ 要意識到自己的弱點

強大的人不會恃才傲物。他們不會認為自己在任何方面始終都完美無缺。他們強悍的精神力並非源於過度自信。相反地，強大的人都非常清楚自己的長處跟短處。

在商界，強大的人往往會把自己不太擅長的工作外包出去。在生活中，強大的人知道自己的極限在哪裡，也知道什麼事情可能會牽動自己的情緒。這讓他們在生活中更加從容，並給自己留下足夠的時間和空間來彌補犯下的過失。

能夠對自己說：「我知道自己在這件事情上很糾結，所以我會花時間努力解決它。」是你所能做到的、非常強大的事情之一。

☆願意被人討厭

強大的人並不是最受歡迎的人。

重點是，強大的人也不會去爭奪他人的認同。

想要成為一個真正強大的人，就必須甘願被人討厭。這並不是說你的行為帶有任何的惡意，而是說無論你做什麼，別人都會批評你。強大的人都知道這件事。人生中沒有哪一條道路是你可以完全躲過他人反對的，因此重要的是，你不僅要接受不受歡迎這件事，還必須明白這件事一定會發生，但你還是不去理睬，依然做你想做的事。

☆帶著目的行動

強大跟有目標是一體兩面。

要成為一個真正強大的人，需要對自己想要創造的東西有徹徹底底、堅定不移的信念。要做到這一點，必須從「為當下而活」的心態，轉變為「為後世留下一些什麼」的心態。

你的目標是一個動態的、不斷發展的東西。大多數時候，它是你感興趣的事情、擅長的事情和世界需要的事情的交會。對於自己想要創造和實現的事情有一個清晰的願景，是找到內在力量的關鍵。如果夢想與你的本質不符，你就不會對它有強烈的感覺。

做好你的內在工作

這可能是最重要的，但也是最容易被忽略的，因為它也是最讓人不舒服的。做好你的內在工作，意味著要能夠斷定某些事情為什麼會觸動你的情緒、某些事情為什麼使得你心煩意亂、你的生活試圖讓你看見什麼，以及藉由這些經歷能夠讓你如何成長。真正強大的人會吸收這些發生在他們身上的事情，然後將其化為自己成長的能量。他們會把這類的經歷視為學習及發展自我的機會。如果你想要成為真正強大的人，那麼這種內在的心理和情感工作是不可或缺的。

強大的人並不是最具攻擊性的人；攻擊性通常是一種自衛機制。強大的人最不會擔心小事帶來的困擾，也最願意充分地處理和解決大事。

當然，這只是基礎工作。接下來，你必須努力簡化自己的生活，少談自己的雄心壯志，儘量等到完成以後再讓別人看見你的成就。逐步改善健康狀況。假定每個人、每件事都有值得你學習的地方。坦然接受自己的脆弱，因為自我的脆弱幾乎會出現在你生命的每個重要部分之前，並且有意地形塑你的日常生活。

無論遇到任何事情，都必須站在最強大的自己的角度去思考。如果你學會運用這種視角來看待世界和生活，就能創造出一種反映你的最強大面貌的生活。這樣的美好生活已然存在，你只是需要知道怎麼進入。

學習認可你的感受

如果想在治療、政治、人際關係、教育孩子、說服某人離開險境、維持和平、結交朋友、促進聯繫和取得進步方面得到成效，我們首先要運用一種技巧。

這是一個小祕密，而且幾乎無須耗費任何心力。但它能解除人們的武裝。它能打開人們的心扉，使他們樂於接受，願意傾聽和改變。它能夠療癒，能夠改變思維，但最重要的是，這是進展的第一步。它就叫做情緒認可。

認可別人的感受，並不表示你同意他們的觀點。這並不表示你承認他們是正確的。這並不表示這些感受是最健康的；這並不表示它們是有邏輯依據的。認可感受並不表示你讓這些感受變得更真實；而是表示你提醒對方，即便自己沒辦法總是理解，但相信他人的感受是人之常情。

有多少時候，我們其實只是需要自己的伴侶不要再試著提出各種策略，只要簡單地說：**那種感覺一定很差吧？**

一旦想到：**沒錯，我現在真的壓力爆表，是我活該**。我們肩膀上的重擔會減輕多少？

無論我們在螢幕上看到的另外一個人的故事有多麼令人震驚，無論我們有多麼能夠理解這個故事並且產生共鳴，我們又真的能夠從中感受到多少重量呢？

如果允許自己忿忿不平、悶悶不樂、暴跳如雷，我們的心情會變好多少呢？

一旦讓自己擁有這種感覺時，不可思議的事情就發生了。我們不再需要把氣發洩在別人身上，因為我們要度過這個過程，已經不再需要他們的認可。

我們可以在不傷害任何人的情況下，獨自一人忿忿不平、悶悶不樂、暴跳如雷，自己處理這段情緒。

如果人們在生活中大叫或發洩出來時，他們其實不單單在尋求幫助。他們往往只是想讓別人認同他們的感受。如果他們只能透過誇張或誇大情況，才能讓你真正感受到他們所感受到的重量跟衝擊呢？那麼他們一定會這麼做。他們會不惜一切代價，只為了讓別人說出：**聽了你的**

遭遇，我覺得很難過。這並不是因為他們沒有能力或腦子愚蠢。這是因為在這個沒有教導如何充分處理自己感受的世界中，我們常常只能仰賴自己適應不良的心理因應機制。

如果無法認可自己的感受，我們就會永無止境地試圖強迫他人來為我們做到這件事，可是從來都不奏效。我們從未真正得到過自己需要的東西。

這看起來像是需要被關注、肯定、讚美。但它看起來也很戲劇化、消極，而且過度關注生活中遭遇到的問題。如果有人在抱怨一些簡單的事情——而且做得似乎過了火——那麼他們其實並不是想要讓你幫助他們解決一個小問題。他們真正想要的，是讓自己的感受獲得認可。

這也是自我破壞行為的常見根源。有時候如果內心深處充滿悲傷，我們絕對沒有辦法允許自己放鬆心情並享受生活和人際關係。我們不能就這樣「找點樂子」，因為這麼做感覺就像在背叛，感覺很唐突。我們需要感到被認可，但我們甚至不知道為什麼需要。

☆為什麼這麼做有效？

把你的感受想像成水流過體內的管道。你的想法決定了管道是否乾淨。管道的清潔度決定了水的品質。

如果你忽然有了一種不喜歡而且是突如其來的感覺——就好像突然有一股水流湧入——通常你會想要關上閥門，不讓它通過。然而，止住水流並不會讓水消失。相反地，它會產生強烈的壓力，並對不再接受水流通過的身體部位造成嚴重損害。而這開始給你的整個生活帶來連鎖反應。

有時水會逐漸散去。有時它會在我們的體內爆炸，造成表面上看到的情緒徹底崩潰。等到所有的水終於流過，而我們陷入悲傷、哭泣、分崩離析時，此時的我們正在經歷一個復原的過程。這就是「正向非統整」：我們痛不欲生，但同時等到一切結束後，我們會覺得好多了。

在內在爆炸過程中所發生的一切是，你在沒有其他選擇的情況下，允許自己感受到那些情緒，使得那些情緒得到認可。這就是我們在接受心理治療時要做的。這就是我們在發洩時要做的。這就是我們在透過寫作、演戲等活動來得到精神淨化時要做的。一部能夠讓我們享受悲傷的悲劇電影允許了我們的悲傷，不然這個世界還有何處允許我們去做這件事呢？

但還有一種更健康、更簡單的方法，那就是學習如何即時處理感受。「認可你的感受」聽起來是一個很了不起的術語，但它的真正含意只有一個：那就是讓自己擁有這些感受。

在療癒過去的創傷時，通常有一個很重要的部分，就是讓自己體驗一種情感的完整表達。你過去可能也這樣做過。請回想一位已經過世的親友，必須是你雖然愛他們，但並沒有非常親密的那種。聽聞他們的噩耗時，你一定很悲傷。但你並沒有參加他們的葬禮、哭上一個小時，然後繼續過生活，就好像什麼事情都沒有發生一樣。

相反地，你當時可能經歷了一陣悲傷，然後可能是第二天想起又難過了，然後可能是一個禮拜之後才又想起這件事。悲傷的浪潮來來去去，每次的強度都不一樣。如果沒有去抗拒的話，你就會哭泣和感到悲傷，或者小睡一會兒、洗個熱水澡，或是請一天假。

接下來，沒有耗費太多心力，這樣的感覺就過去了，而你也覺得好多了。

一旦我們擁有並承認了某種情緒，它往往就會自行消失。如果不需要採取任何行動——如果真正需要做的就只是接受它——那麼只需要去經驗它就可以了。

我們之所以沒有更自然地做到這一點，是因為顯然無法在每次感到難過時，都在辦公桌前淚流滿面。忍住眼淚是完全沒問題的，前提是回家以後能夠發洩出來。若是想要控制在何時何地處理情緒，那也是沒問題的；事實上，如果我們學會可以在一個更穩定、更安全的空間處理情緒，那效果還會更好。

這看起來有點像是每天只需要花上幾分鐘創作的「垃圾手帳」（junk journal）*：留一些時間獨處，讓我們可以純粹地經驗自己的感受，不帶任何評斷，也不試圖改變那些感受。這件事

* 用手邊的廢舊材料如票根、食物包裝、廣告信、鈕釦、破布……拼貼而成的日記本，在歐美地方已流行多年。

情可以很簡單，例如入睡前允許自己哭泣。我們常常認為這是軟弱的表現，但實際上，能夠自由哭泣的能力表示我們的精神和情感都非常強韌。如果生命裡出現了相當令人心碎的事情，卻沒有辦法落淚的話，那我們的問題就大了。

認可別人的感受是一種換位思考的練習。對話的開頭會像是：「有這種感覺沒有關係。」因為如果指出對方如何不應該有那樣的感受時，他們就會什麼也不說。他們會因為覺得丟臉、感到羞恥而停止交流。他們已經知道自己的感受是錯誤的。如果你在談話一開始就加強別人的防禦，或者讓他們更加恐慌和壓抑，你就是在讓情況變得更糟。

但是如果你一開始就提醒他們，任何跟他們相同處境的人，都很可能有跟他們現在類似的感受，而且他們很可能會產生巨大而強烈的情緒，但這並不一定表示他們的生活已經徹底毀了，而倘若有驚濤駭浪般的事情出現在我們面前，我們當然可以感受到身心交瘁。聽到我們這麼說，他們就會減輕很多負擔。我們之所以知道這一點，是因為一旦不再抗拒悲傷，而是任由自己悲傷時，我們就會意識到悲傷不會永遠持續下去。我們明白，有時候最大的問題不是我們覺得身心交瘁，而是拒絕接受眼前的事情，這樣的選擇所帶來的龐大痛苦，遠遠超過在該落淚的時候就放手去做的痛哭一場。

認可他人的情緒，能讓我們學會如何認可自己的情緒。一旦學會如何認可自己的情緒時，我們就會變得更強大。我們將不再把自己的情緒視為威脅，而是線民。它們會讓我們看見自己關心什麼、想要品味什麼，以及想要保護什麼。

它們會提醒我們，生命轉瞬即逝、充滿挑戰，卻也絢麗多彩。唯有願意接受黑暗，我們才能找到光明。

採用你自己的原則

如果你感到迷茫，或者好像不知道自己人生的下一步該往哪裡走；或者更糟糕的是，擔心自己所建立的一切都會轟然倒塌，那麼你不需要更多的抱負。你也不需要更多的正面思考。

遇到金錢問題時，你需要金錢原則。

遇到感情問題時，你需要感情原則。

遇到工作問題時，你需要工作原則。

遇到生活問題時，你需要生活原則。

擁有更多的錢，並不能解決金錢問題。擁有多段不同的感情，並不能解決感情問題。擁有新工作，並不能解決工作問題。擁有嶄新的生活，並不能解決你的生活問題。

這是因為擁有金錢，並不會讓你更善於理財。擁有愛情，並不會讓你更愛自己。擁有很多感情關係，並不會讓你更善於經營感情關係。擁有一份工作，並不會讓你更擅長工作，也不會讓你更有能力平衡工作與生活。

除非你改變及調整，否則單靠遇到問題，並不會讓你變得更強大。這裡的可變因素就是你自己。而每個問題都會對你提出一個同樣的質詢：你是否因此而改變了自己對世界的基本看法，以及自己遇到這類問題時的行為。

讓我把話說得一清二楚吧：年收入一千萬的人，也可能會像年收入一百萬的人一樣負債累累、舉步維艱，事實上，這種情況比你想像的還要經常發生。賺錢少的人，需要學習如何好好理財；賺錢多的人，則認為他們可以因為自己獲得比較多，所以不用遵守原則。

你約炮的速度有多快，搞砸一段相見恨晚的理想關係的速度就有多快，因為你與他人相處的方式是自己的問題，而不是取決於你是否遇到了最完美的人——對方從來不會惹你生氣，也不會對你生氣，而且還理解你、同理你、無條件地關心你。

如果你不知道如何分配時間、不知道如何與職場中的其他人相處、不知道如何發展職涯，那麼就算有理想的工作、有完美的工作時間、有最理想的薪資，你還是一樣不會快樂。那些「實現自己的夢想」和「追隨自己的熱情」的人，可能和那些沒有實現夢想或沒有追隨熱情的人同樣不快樂。

如果沒有原則，你的生活就不會變得更好。問題只會如影隨形，並隨著生活不斷前進而變得越來越大。

生活中發生在我們身上的好事就像放大鏡，能讓我們看見自己仍然需要成長的地方。真愛之人能讓我們看見自己。金錢能讓我們看見自己。夢寐以求的工作能讓我們看見自己。讓我們看到自己的優點、缺點，還有此時此刻迫切需要改變的地方。

如果你現在沒有原則，以後也不會有原則。如果沒有量入為出的金錢原則，那麼等到有了更多的錢，你也做不到。如果沒有「不仰賴別人來定義自己」的感情原則，那麼等你遇到「對的人」時，這個問題也不會魔法般地自己解決，而你也只會破壞這段關係。

☆什麼是原則？

原則是一個基本的真理，可以用它來奠定生活的基礎。原則不是觀點或信念。原則關乎因果關係。

原則可以是個人準則。

以下是一些理財原則的例子：維持較低的日常開銷、擺脫債務並避免負債、量入為出或未雨綢繆。

許多理財專家主張，把償還債務作為財務健康的開端。這是因為一天產生的利息可能不會對你造成太大的影響。但是累積二十年就會，可能會有好幾十萬，甚至還更多。

同樣地，一天的投資收益不會產生很大的影響。但二十年就會，金額的差距可能遠超乎你的想像。

制定原則的意義在於，它可以讓你從短期的生存模式轉向長期的繁榮模式。

我們生活中的大多數事情，都是受到原則的支配。管理學大師史蒂芬・柯維（Stephen Covey）對此有很好的解釋：原則是一種自然法則，就像地心引力一樣。它與價值不同。價值是主觀的，而原則是客觀的。他說：「我們可以控制自己的行為，但這些行為所產生的後果，卻受到原則的控制。」

意思就是說，如果堅守每天都吃好食物的原則，我們終將從中得到益處，健康狀況將會改善或是更好。如果每天寫一個句子，堅持很多、很多年，我們終將寫出篇幅更大的作品。如果決心每月償還部分債務，那麼我們終將清償債務。如果堅持不懈地進行明智的投資，那麼我們終將看到回報。

我們的生活受到了原則的支配，正如組織心理學家班傑明・哈迪（Benjamin Hardy）所解釋的：「大多數人在大學期間，都會為了考試而死記硬背。但如果你是農民，還能臨時抱佛腳嗎？你能夠忘記在春天播種，整個夏天都在偷懶，然後秋天再努力工作嗎？當然不行。農場是一個受原則支配的自然系統。」

你也一樣。

「收穫法則永遠有效。種瓜得瓜，種豆得豆。此外，長期堅持不懈地種植，最終會產生複合級或指數級的收穫。你往往不會立即感受到自己行為所帶來的後果，進而導致自我欺騙。如果只抽一根菸，你不大可能會得癌症。如果有一天你喝咖啡用掉了十美元，這件事不大可能會影響到你的經濟。然而隨著時間的推移，這些習慣就會產生巨大的影響。事實證明，每天十美元按百分之五的複利計算，五十年後就會變成八十一萬六千美元。」

在進行一項投資時，你並不會指望當天就能看到回報。不過同樣地，等到入睡時，你會感到很有成就感，因為你知道只要堅持原則，就可以實現自己的未來。

無論是什麼小事，只要反覆地做，日積月累就會變成大事。

☆為什麼抱負在這種情況下沒有作用？

抱負可能會產生誤導。少了策略計畫的支持，遠大的抱負遲早會遭遇重大的失敗。

抱負指的是你抓住一種感覺，並將之詳細闡述。你任由自己的思緒徜徉；你拼湊出一幅幅美麗的圖畫，創造出你希望的生活畫面。

原則很枯燥。原則並不鼓舞人心。它們是自然法則。

原則並不能讓人立即感到滿足。

原則並不會立刻讓我們覺得心情好多了。

這就是為什麼我們經常尋求抱負，卻發現效果不佳。這是因為我們的頭腦和心靈都對我們想要的東西有一個模糊的想法，卻從未真正評估過，自己是否願意為達到這個目標，日復一日地付出和努力。

如果沒有把抱負跟實現這些夢想所需的原則相結合，我們就會變得前所未有的迷惘和失望。

我要如何開始建構自己的原則？

沒有人生來就擁有卓越的原則，這些原則都是靠學習得來的。

然而，生活中有許多不同的原則，有些原則彼此之間可能相互矛盾。因此，採用適合自己目標和生活的原則非常重要。

讓我們從這一點開始：

• 你重視什麼？你真正關心的是什麼？
• 你希望在生活中體驗到什麼樣的感覺？
• 什麼東西會讓你感到不安或焦慮？

答案可能會類似這樣：

我重視感情關係，所以原則上只要有機會，我會優先考慮感情關係。另外，根據原則，我重視誠實和正向的感情關係，所以我不會再陷入「友達以上，戀人未滿」的困境；除非有人在合理的時間內做出承諾，否則我會將他們的猶豫視為「不要」。

也許你看重財務自由，因此根據原則，你會把多餘的現金用於償還債務、儲蓄或投資。也許你重視旅行和自由，因此根據原則，你要開始為自己工作，並始終優先考慮能夠遠端工作或自己安排工作時間。

一旦清楚自己的原則是什麼，就可以建立一個真誠、健康的生活。你可以開始努力實現這樣的目標：一是支持自己想做的事情，二是避開那些你不想經歷的事情。朝這個方向前進的話，將使你成為最平靜也最快樂的自己。

美好的生活是由內而外建構起來的，其根基是自律、自制跟明白事情重要性的優先順序。它不像能讓你寫上各種願望的「願景板」那麼夢幻，但效用絕對遠勝於願景板。

找到你真正的目標

你所生活的這個世界不斷地跟你說：要追隨自己的內心、相信自己的直覺、辭掉工作、做自己喜歡的事情。然而，如果不知道該從哪裡開始，你可能會覺得很沮喪。如果開始去想，不知道自己這輩子該做些什麼時，那麼你真正的意思其實是，你還不知道自己是誰。

所謂找到自己的目標，並不一定表示，意識到自己注定要住進寺廟裡生活，或者把一輩子都獻給某個職業或目標。你的目標不是一份工作、不是一段關係，甚至不是某個職業領域。你生命的首要之務就是來到這個世界。你的存在，以一種你看不見的方式改變了世界。少了你，絕對沒有任何事物會跟現在一模一樣。理解這一點很重要，因為如果你開始相信你活著的全部目標只是為了某一份工作，或是承擔家裡的某個角色，那麼等到你離職或退休，或是等到孩子們長大，你不再為人父母了，怎麼辦？

你會很消沉，因為你錯誤地以為那是你存在的唯一理由。

你今天的目標可能是在別人最低潮的時候，給他們一個微笑。你這十年的目標可能就是現在所從事的工作。等你意識到自己一直在影響周圍的世界時，就會開始意識到：要想活得有意義，最重要的事情就是改變自己。有意識地成為最快樂、最善良、最親切的自己。

知道自己的目標並不一定意味著生活從此就一帆風順，或者你永遠知道該做些什麼。事實上，真正走在自己的人生道路上時，未來不會是清晰的，因為如果是的話，那麼你實際上是在追隨別人的生命藍圖。

話雖如此，多數人提到想要知道自己的目標時，他們指的往往是自己的畢生志業和工作。你的職業生涯並非一無是處，它是你一生當中大部分的日子裡，甚至是每一天會去做的事情。正因為如此，弄清楚自己如何能夠更為這個世界盡一份心力，會讓漫長的日子和艱難的時刻變得比較好過。

你的人生目標就是你的技能、興趣和市場的交會點。

你就是你未來的藍圖。你的一切，你所經歷的一切，你所擅長的一切，你所處的每一個環境，你所熱衷的一切，都不是偶然的；它們反映了你是誰，也預示了你在這裡要做些什麼。

然而，自我覺察並不像表面上聽起來那麼容易。你可能還在想，不確定自己擅長什麼，或者你對某件事的熱情，甚至還超過對另外一件事的熱情。這沒有關係，因為所謂的目標，並不是要求你在某件事情上要做到最好。

並不是說有這麼一件事情，就只有你能做到最好，任何人都比不上你。而是那些自然而然呼喚你的、你能毫不費力去做的、能喚起你特定情感的事情。你降生此世，就是要來找出這些事情。你降生此世，就是為了改變這些事情。你的終極目標是成為理想中的自己。其他的一切都將從這一點開始誕生。

弄清楚你這輩子想做什麼

如果想知道自己真正的目標是什麼，應該問自己以下幾個問題：

- **是什麼，還有誰，值得你為之受苦？**

即使以自己熱愛的事業為生，也並不意味著每天都會一帆風順。任何事情都有其自身的挑戰，所以問題其實是：你願意為了什麼而工作？你願意為了什麼而承擔不適？

- **閉上眼睛，想像出最好的自己。那個人是什麼模樣？**

最好的自己——最有愛心、最善良、最有生產力、最有自我意識的自己——才是真正的你。其他的一切不過都是源於心理因應機制的副產品，都是你創造出來的，以及從其他人那裡學到的。

- **如果社群媒體不存在，你的生活會變成什麼樣子？**

如果你知道自己無法炫耀、無法給人留下深刻印象，甚至無法分享你在生活裡選擇做些什麼，你所追求的事物會產生什麼樣的改變？這會把你正在做的事情區分成兩種：一種是真正想做的，另一種則是為了表現給別人看而做的。

・**什麼對你來說最自然？**

你最擅長的事情，就是你優先應該走的道路。因為在這條道路上，你會毫不費力地茁壯成長。

・**你理想中的日常工作是什麼樣的？**

忘掉那些用來在三十秒內讓人留下深刻印象的電梯簡報。忘掉華麗的頭銜或在商務社群網站LinkedIn上給人留下深刻印象。想想你想要日復一日做些什麼。許多人從事他們認為會讓自己快樂的工作，卻發現他們只喜歡那份工作代表的意義，而不喜歡那份工作的日常現實。

・**你希望留下什麼樣的名聲？**

與其擔心簡歷上的優點，不如關注悼詞中的優點。你想讓人們記住怎樣的你？你想因什麼而聞名？

雖然細細思量生命中的所有美德和才能是一件很愉快的事情，但對於要找到自己的目標這件事，更重要的是：它往往是在痛苦中找到的。大多數人之所以可以發現自己的目標，並不是因為能夠輕輕鬆鬆地清楚自己的才能是什麼，以及如何將這些才能運用到最好；而是因為在某些時候，他們發現自己迷失了方向、心力交瘁、筋疲力盡，陷入了困境。

在經歷困難和挑戰的過程中，開始意識到什麼東西對我們來說才是真正重要的。它能產生火花，而透過行動和奉獻點燃之後，就會成為轉變之火。

如果聽過世界上許多首屈一指的成功人士的故事，你會發現他們往往都是從難以想像的艱難困苦開始的。面對最不可能的情況，這些人被迫採取行動。他們拒絕選擇安逸和自滿。他們意識到必須拯救自己的生命，創造自己的未來。

在生命的最後時刻，是什麼定義了你這一生的目標？不是你過往如何奮鬥，不是你曾身處哪些環境，不是當時應該做些什麼，而是你在面對逆境時如何應對；對出現在你生命中的那些人來說，你是何種面貌；以及你日復一日所做的事情，以它緩慢而獨特的方式，慢慢改變了人類的進程。

Chapter

7

從自我破壞到自我控制

從自我破壞到自我掌控，聽起來像是一個不可思議的轉變，但實際上這是一種自然而然的過程。你會明白讓生活窒礙難行的人是你自己，所以你也有能力推動它前進。

控制自己的情緒與壓抑自己的情緒之間的差異

佛教徒相信，控制心靈是通往開悟之路。而他們所謂的開悟，指的是自發的、真正的幸福。

這個想法在理論上很簡單，要實踐卻很複雜：透過探索自己對心靈的理解，並且訓練心靈符合特定的行為準則，我們就能淨化自己，進而體驗自己的本質，也就是——他們是這麼認為的——喜樂。

如果曾經上過冥想課，你就會知道心靈控制的首要原則，與你所想的恰恰相反：重點在於放下。

為了真正掌控心靈，佛教徒會練習不執著，他們會靜靜地坐著，平穩地呼吸，讓念頭升起、凝聚，然後消失。

他們的方法是，所謂的控制心靈，實際上是臣服於心靈，讓心靈隨心所欲，同時控制自己對心靈的反應。

☆如何知道自己是在壓抑情緒還是在控制情緒？

情緒的壓抑，是人們在面對自我的情緒時，由於沒有合適的心理因應機制，所使用的一種調節策略。

這種模式通常是這樣的：人們否認或無視他們對某種情況或經歷的真實反應，並且認為如果繼續無視下去它就會消失，卻在事後發現日常生活被一種焦慮感打亂了。終於有一天一切都來到了臨界點，他們的情緒爆發了，而且自己無法控制。

一般來說，治療的目標在於幫助患者不再壓抑自己的感受。取而代之的是，鼓勵他們認識這些情緒，並選擇如何應對。

在治療過程中，壓抑和控制似乎是一線之隔。

如果有人超你的車，而你選擇不向窗外破口大罵，你是在壓抑自己的感受，還是在控制自己的感受？如果你的伴侶又說了一句蠢話，而你選擇不回應，你是在壓抑自己的感受，還是在控制自己的感受？如果你的同事在一個專案上不斷激怒你，而你選擇什麼都不說，你是在壓抑自己的感受，還是在控制自己的感受？

☆壓抑是無意識的；控制則是有意識的

壓抑情緒的作用與無意識偏誤類似。其中一種偏誤是確認偏誤，意即大腦會對各種刺激分類，以將你的注意力放在特定的事實與經歷上，藉此證實原本的想法就是正確的。雖然你沒有意識到這種偏誤，但它仍然影響著你。

另一方面，控制自己的情緒，則讓你變得更能意識到自己的感受。你會意識到自己是生氣、悲傷或是委屈，但會選擇自己要做些什麼。其實你並不是在控制自己的情緒，而是在控制自己的行為。

壓抑自己的情緒時，你不知道自己的感受，行為也似乎失去控制。

在控制自己的情緒時，你確實知道自己的感受，而行為似乎也在你的控制範圍之內。

答案是，在開車、爭吵，或是跟難相處的同事打交道時，應該要意識到自己的感受，但仍然可以控制自己的反應。情緒是暫時的，但行為是永久的。你始終要為自己所選擇的行為方式負責。

我們常常認為衡量體能的標準，是我們能夠承受多大的重量、能跑多久，或是肌肉有多明顯。事實上，體能這種指標是用來衡量身體自身的運作效率，以及是否能有效執行日常雜務跟應對偶爾出現的挑戰的能力。

心理健康也是同樣的道理。它不是衡量我們看起來有多快樂、生活有多完美，或者我們有多麼無條件的「積極正面」，而是衡量我們是否能以足夠的柔軟性和理性應對日常生活和偶有的挑戰，而沒有被自己抑遏或阻礙。

心理治療師艾美・莫林（Amy Morin）以披露一些心志堅強的人不會做的事情而十分聞名。學習他們的習慣和行為至關重要，但如果你還沒有做到呢？如果你想成為一個心志堅強的人，就從這裡開始吧。

學習再次相信自己

內心平靜是一種與內在深處連結的狀態，你知道一切都很好，而且永遠都會很好。幾個世紀以來，尋找一個人「內心平靜」的概念，一直是靈性實踐和形而上實踐的一部分，只是最近隨著大眾心理學的發展，才成為主流。

卡繆曾說：「在寒冬之時，我發現自己的內心深處有一個堅不可摧的夏天。」

這句話概括了內心平靜的全部內涵：明白無論身旁發生什麼事，內心總會帶著一處全知與平靜之地。你不僅可以在需要的時候回到那個地方，而且還能夠讓那份感覺伴你一生。困難的地方在於，一開始要先學習如何與它產生連結，並重新調整對思維的反應方式，因為你的思維總是從一種最壞的情況跳到另一種最壞的情況。

你知道人們什麼時候會提到「內心深處」知道某件事嗎？他們會說類似這樣的話：「我很擔心，但在內心深處，我知道一切都會好起來的。」或是「我對他很生氣，但在內心深處，我知道他愛我。」你認為他們指的是什麼呢？內心深處在哪裡？他們談論的是自己內心那個特別的地方，那裡有無窮的智慧、更好的理解力，對正在發生的事情有更深刻的看法。它不會被頭腦想要提供的壓力或恐懼所動搖。

尋找內心平靜的過程，相當大的程度上就是能夠到達「內心深處」的地方，在那裡你會知道並且感覺到，最後一切都會好起來的。

冥想中還有另一個比喻，將平靜比作讓一座湖泊或一大片水域靜止下來。思想和行動就像丟進水裡的石子：它們會產生漣漪效應。冥想的目的是讓自己夠安靜，讓水面恢復到自然的靜止狀態。你不需要強迫水面靜止。只要不再去干擾它，水面自然就會靜止。

尋找內心平靜也是如此。與其說那是你必須創造的東西，不如說那是你必須回歸的東西。

制定與追尋內心平靜一致的目標

發現內心平靜的最重要部分之一，就是要放棄對「幸福」的渴望。不幸的是，幸福是善變的。它可能會讓你執著於某些成就、歸屬感或特定的情境。它可能會讓你變得依賴他人的意見或堅持生活一定要遵循特定的發展。如果你的目標是幸福，總會發現在幸福的背後有一種揮之不去的不幸福感——所謂的平衡與雙重性就是這樣。那麼，內心的平靜呢？

那就是處在天平的中間。如果這就是你的目標，那麼你絕對不會輸。

這對大多數人來說都很困難，人們往往繼續給自己製造壓力、問題和戲劇性，因為他們的自我仍然非常執著，認為自己需要一些外在的東西讓自己感覺良好。這是尚未找到內心平靜的人的典型表現：常常瘋狂地向外尋求滿足感、歸屬感或價值感。

所以說真的，並不是說幸福不是你該追求的美德，也不是說幸福不是你可以感受到的。現實情況是，內心的平靜才是真正的幸福，而其他的一切都只是試圖說服自己「沒事」的虛假手段。

這樣想吧：你通常認為什麼會帶給你幸福？金錢、感情、升職？等你實現這些目標時，會發生什麼事？只要是人類，每個人的答案都永遠是一樣的：回到自己的情緒基線。因為這種幸福並不真實，只有在任何一天的任何時候都完全平靜，你才會發現真正的美好、存在和快樂。

☆最早，是什麼讓我們遠離了內心的平靜？

說了這麼多必須如何「回到」內心平靜的地方，不禁讓人想到一個問題：為什麼我們最早會與內心平靜失去連結？這一點很重要，因為了解為什麼會失去內心平靜，是重新找到內心平靜的基礎。

成長過程中，我們會適應周遭的環境。會採納周遭的人的信念和想法。會改變自己的性格，讓自己變得更加安全；我們相信世界不會傷害我們。孩提時期是我們最脆弱的時期，也正是在這段時間裡，很容易就學會一些可能成為自己終生心理因應機制的東西。

如果沒有從小就被教導要與內心的平靜感連結起來，我們會本能地相信自己頭腦裡的聲音。我們就是因為這樣而徹底迷失了自己。因為我們每天的想法多數都是佛教徒所說的「猴心」*的產物。或者用神經學家的話來解釋，就是不同的受體在放電的過程中與各種事物產生連結的過程，而這些連結可能與現實有關，也可能無關。

一旦開始相信自己的想法，我們就會讓它們影響感受。這就變成了一個循環，並最終困住了大多數沒有意識到這一點的人。他們會有一個奇怪或可怕的想法，隨後產生強烈的感覺，這兩者的結合讓他們覺得情況是真實的，但實際上這是對神經傳導過程產生的誤解。

當然，這並不表示我們的想法毫無用處。這只是說，想法並不總是反映現實，比較適合用來當作建議。

☆為什麼人們不容易找到內心的平靜？

答案是，他們可以，只是多數人都沒有被教導要如何做。但除此之外，多數人其實都不敢進入自己的感覺狀態，因為內在小孩受到了太多的創傷。

每個人都有一個「內在小孩」，它是你內在最天真、最純潔的部分，而且永遠不會消失。隨著時間的推移，你有責任學習如何教養這個內在小孩，否則老實說，他會把你推離內心平靜。他們會發脾氣，告訴你一切都分崩離析了，你就快要死了，你應該放棄。

就像你現在不會在有意識的情況下，讓一個孩子主宰你的生活一樣，你不能總是相信內在小孩所害怕的東西。然而，你可以學習跟他們合作、療癒他們、讓他們感到安全……就像任何好父母都會做的那樣。

心理學家史蒂芬・戴蒙德（Stephen Diamond）是這樣解釋的：「首先，內在小孩是真實存

＊源自佛經的「心猿」，後演變為成語「心猿意馬」。故以學佛者的觀點來看，《西遊記》即是戰勝心魔的故事。

在的。不是字面上的，也不是實際上的。而是比喻上的真實，隱喻上的真實。就像一般的情結一樣，它是一種心理學或現象學上的現實，而且是一種異常強大的現實。」他認為，精神障礙和破壞性的行為模式，通常或多或少都與自己的無意識部分有關，而且多半是在童年生活形成的。

尋找自己的平靜

尋找內心平靜，並不總是只能夠盤腿坐著，直到你獲得智慧，而是要做出一個不舒服的決定，也就是保持在不舒服的狀態，並做出不同的選擇。

正如臨床心理學家蓋兒・布倫納（Gail Brenner）所解釋的：「內在的戰爭之所以持續存在，正是因為我們的抗拒——也就是說，不想要切切實實地感受、不希望人們去做他們正在做的事情，不希望事情發生。我們的抗拒想要改寫我們的個人歷史，並確保我們的計畫都得以實現。」她認為內心的平靜是唯一存在的一種平靜，因為其他類型的平靜都不在我們的掌控中。

找到內心平靜的另一個非常神奇的方法，就是不斷地提醒自己，憂慮是大腦需要識別生存的潛在威脅而編造的，而真正的幸福就在當下。

如果覺得難以置信，那麼請回答下面的問題，並列出你的答案：

- 生活中你強烈擔心過的所有事情。盡可能往前回溯，並盡可能詳細。
- 你覺得自己絕對不可能度過或永遠都無法克服的每一個困難情況。
- 你每一次真正地感受到快樂和平靜的時候。

可以肯定的是，你對第一個答案的回答一定會讓你會心一笑，因為它們會提醒你，生活中你一直在擔心，但這些擔心大多是沒有根據的。

你對第二個問題的回答，也會讓你如釋重負，因為它讓你知道，在生活中有多少痛苦是以為無法克服的，而現在回想起來，你真的已經不會再去想起那些事情了。

末了，你對最後一個問題的回答會提醒你，幸福從來都不是源於外在環境的完滿，而是來自於活在當下、敞開自我，以及與自己和當下那一刻的連結。

擺脫擔憂

就像我們很容易對那些能夠讓我們逃避當下的物質或行為上癮一樣，擔憂也是人們用來分散自己對真正重要事情的注意力的主要心理因應機制。

久而久之你就會說服自己，擔憂就等於安全。你認為只要在腦子裡反覆推敲最壞的情況，就能做好更萬全的應變措施。這是完全錯誤的。你不僅耗費精力想像那些往往是人為製造出來的情況，而且當你已經對其中任何一種恐懼或想法過度敏感時，實際上會因為自己想逃避的情緒或過度反應，反而製造出這些情況。

你必須記住在所有關於「猴心」的知識中，大腦會想要不斷尋找能夠證實自我的情況和經驗。如果相信某件事情會是好的，那麼它就會是好的。它可能與你想像的不完全一樣，但結果將會符合你的期望。

想找到內在的平靜，只要與內心深處的智慧相連結就行了。它不是必須創造、證明、想像或追求的東西。它始終在你內心，始終是一種選擇，永遠是一種選擇。你只需要做出選擇就好了。

請記住，你的感受並不總是事實

在所有這一切事情中最具挑戰性的部分，就是要讓自己能夠分辨出哪些感覺是源於本能且富含資訊的，而哪些又是源於恐懼和自我的。

在這個世界上，人們總是告訴你，直覺知道一切，你的感覺是真實的，只要深入其中，就會發現一口可以指引你的智慧之井……導致我們很容易就認為自己的每一種感覺和想法不僅是真實的，而且還在某種程度上預測了未來將要發生的事情。

你的感覺不是預言。它們不是算命機制。它們只是向你反映自己當前的心理狀態。這就像做噩夢一樣：那些怪物並不是真的，但它們可能是暗喻你清醒時所擔心的事情。

阻礙許多人找到內心平靜的原因是，他們分不清哪個是正確的：是自己的恐懼，抑或是自己的平靜感。

請記住這一點：平靜的感覺才能告訴你真相。

你的感覺不會告訴你將要發生什麼事。它們只是來告訴你，你的能量和精神狀況如何，以及應該如何應對周圍發生的事情。恐懼試圖嚇唬你，讓你縮成一團自我保護，進而讓你極度地自我受限。平靜的感覺會提醒你，一切都會好起來的，因為世事就是如此……無論發生什麼事，一切都會好起來的。

變得心志堅強

無論你是誰，也無論人生目標是什麼，心理韌性都是確保你實現潛藏在體內所有潛能的關鍵因素。

心理韌性不是一種固定的特質。它不是天生就擁有或沒有的東西。諷刺的是，如果你在生活中沒有遇到很多挑戰，就比較不容易擁有心理力量。事實上，往往是那些處於最困難環境中的人，才會被迫發展出最強大的心理韌性。

變得心志堅強是一個過程，也是一種實踐。

你可以從這裡開始。

☆制定計畫，因為計畫可以解決問題

心志堅強的人都是懂得制定計畫的人。

他們會未雨綢繆，會做好準備。他們會做對長遠結果來說最有利的事情。

你可能認為這麼做會讓他們與當下脫節，但事實恰恰相反。憂慮會讓你與當下脫節。過度思考讓你與當下脫節。當你始終無法擺脫自己的焦慮時，那是因為對讓你害怕的事情沒有制定計畫。

想一件你不害怕的事情。你知道為什麼自己不怕嗎？因為你有一個計畫，如果它發生了，你將會如何因應。這樣你就能放手，並活在當下。

無論是財務變得健康、提升感情關係、接受治療、找一份新工作，還是追求新的職業道路或夢想：如果沒有計畫，你就會一直遇到問題。

☆保持謙卑，因為世界不是繞著你在轉

你會感覺似乎每個人都在想著你、評斷你、評價你，並在確定你的生活狀況。其實不然。社群媒體讓每個人似乎都成了自己圈子裡的小名人：我們深信，身邊的每個人都對我們的生活瑣事格外關注。

再過幾十年，你將離開人世。你的房子將出售給一個新家庭。你的工作將會被別人取代。你的孩子將長大成人。你的工作也會有人接手完成。你不應該因此而覺得沮喪，應該要感覺得到了解放。

沒有人會像你想像的那樣想著你。他們想的大多是他們自己。如果你因為穿著運動褲去買東西而覺得不自在的話，請你知道，根本沒有人在乎，也沒有人在看你。如果因為自己欠缺成就或有所匱乏而感到焦慮的話，請你知道，在大多數的情況下，根本沒有人關心，也沒有人在關注你。生活中的任何事情都是如此。

沒有人會像你評價自己那樣地評價你。他們大多只會去看你的表面價值。不要再以為你是太陽，所有人都繞著你轉。這個世界不是繞著你在轉。甚至你的生活也不是全部以你為中心。你越能拋開聚光燈情結，就越能放鬆。

☆尋求幫助，因為你本來就不應該要什麼都知道

我們生活在一個專業化的社會。

人們上學、當學徒、接受培訓，從而成為某項工作的能手。然後，他們行銷和出售這項技能，以換取購買其他人的專業知識。

你不應該什麼都懂。

你不應該是一個財務專家，這就是為什麼你可以雇用一個財務專家，來為你報稅或提供投資建議。

你不應該成為大廚，這就是為什麼你可以買一本食譜或向媽媽尋求幫助。你不應該成為世界級的教練，這就是為什麼你可以預約一位教練去跟他學習。你不應該去理解複雜的心理健康和神經心理學，這就是為什麼你可以看心理治療師，學習如何讓自己變得更好。

你不應該什麼都懂。你不應該樣樣精通。這就是為什麼你可以聘請或向他人學習。放自己一馬，專注於自己精通的領域，將其他一切都外包出去。

☆知道自己不知道什麼，停止非黑即白的思維

人們持續焦慮的主要原因是，長期的非左即右思維，也就是所謂的非黑即白。

這是一種認知上的扭曲，導致你會迴避所有的可能性，而傾向於一到兩個兩極化的結果，

而這兩個結果都是不可能或不合理的。

如果丟了工作，我就是一個失敗者。錯。

如果這段感情結束，我就再也找不到愛情了。錯。

如果這件可怕的事情發生了，我就活不下去了。錯。

焦慮是由邏輯失常引起的，也就是推理能力出現了問題。你從一件事情跳到一個不太可能的結論，就因為它讓你產生了強烈的感覺，所以就假定它是真的。終歸來說，你陷入了非黑即白的思維，而這不僅沒有效果，還會讓你感到恐懼，以至於沒有辦法好好處理自己的生活。

☆不要再想著要未卜先知了，因為這是一種認知上的扭曲

人類最基本的恐懼就是對未知的恐懼，因此我們會挖空心思，試圖預測生活中的某些結果是有其道理的。

然而，通靈思維，也就是你認為自己的各種感受都能預測未來，你就是可以「知道」未來會發生什麼事情，或者你在某個地方的命運已經注定了的想法，會讓你在精神上變得脆弱。在你需要親手掌控人生的時候，它卻使你坐到了乘客的座位上。

在使用通靈思維時，你就是在對自己的思維進行延伸。你正在利用單一次的感覺或經驗，對自己的生活做出長期預測。這件事情不僅是錯誤的，而且還常常導致你一語成讖。

不要再試圖預測你無法知道的事情了，把精力投入到建構你所能知道的事情上吧。如此一來，你自己和你的生活都將變得更好。

☆對生活中的結果負責——沒錯，所有的結果

在你的人生大計中，真正重要的結果幾乎完全在你的掌控中。假裝自己只是大機器上的一個小齒輪會比較容易，也比較不那麼可怕，但事實並非如此。

如果真的把精力投入到學習提高工作效率、照顧自己的身心健康、改善感情關係和自我覺察上，你將會擁有截然不同的人生體驗。這些事情中的每一件事，其實都在你的能力範圍之內，你可以改變或至少對它們產生巨大的影響。

生活中有些事情是你無法控制的。如果把注意力集中在這些事情上，就會錯過一些非常重要的事情：生活中的大部分事情，都是你的行動、行為和選擇直接造成的。

☆學會處理複雜情緒，讓自己感覺更好

你本來就不應該總是感到快樂。試圖時時刻刻都感到快樂，不是解決問題的辦法，而是問題所在。

心理韌性要求你培養處理複雜情緒的能力，例如悲傷、憤怒、難過、焦慮或恐懼，而不是始終保持積極樂觀的態度。

如果不知道如何讓這些感覺流掉，如何理解它們、從中學習，或者就只是允許它們存在，那麼你就會被它們困住。你把它們埋藏起來，然後你周圍的一切都會成為引爆點，威脅你要打開閘門，讓情緒如洪水猛獸般流出。

你可能以為這件事情關乎如何保持堅強，但事實並非如此。生活面臨悲傷時落淚、面對不公義時憤怒、在問題出現時決心尋找解決方案，這種主動反應而不是被動反應的能力，決定了心理韌性的強弱。

☆忘掉發生的一切，把注意力放在如何修正

反思哪裡出了問題，從哪裡記取教訓，並弄清楚今後如何彌補或改變未來的結果。然後就放手吧。

唯有在你還沒有完全從過去中記取教訓時，才會緊抓過去不放。記取教訓之後，就可以將這些經驗教訓應用到當下，並創造出你當時想要的體驗。

把大部分的心力投注在已經發生過的事情，而不是現在正在發生、或是期望未來會發生的事情，會讓你徹底陷入困境。如果你覺得在某些方面確實讓自己失望了，那麼就更應該繼續前進，並創造出你現在想要的體驗。

你的人生還沒結束。你沒有失敗好幾百次，但如果不放掉失敗的經驗再試一次，那麼你就會繼續失敗下去。

☆把事情說出來，因為事情在你的腦海中往往更加複雜

如果你真的陷在自己的各種想法、感受和恐懼裡，不妨找人傾訴。也許是心理健康方面的專家，也許是值得信賴的朋友。如果周圍沒有人，那就自言自語吧。把你的想法說出來，就像在跟面前的其他人說話一樣。

有時候會需要一個客觀的第三者，來幫助我們釐清生活中複雜的部分。把這一切都埋在你的腦裡和心裡，往往讓事情變得更糟。把問題說出來，往往能簡化問題、釋放情緒，並幫助你繼續前進。

☆慢慢來，因為你不需要現在就把所有事情都搞清楚

成長通常不是一蹴可幾的。它是逐漸發生的。它以微小的加速與小小的步伐發生。這是因為成長時，實際上是在擴大和重組我們的舒適圈。我們正在重新適應新的生活方式，如果思維系統因太多太快的變化而受到衝擊，我們通常就會退回到自己熟悉的狀態。

改變生活最有效、最健康的方法就是慢慢來。如果需要即時的滿足，請將目標定為你每天邁出的一小步。隨著時間的推移，動力會逐漸增強，你將意識到自己已經離起點很遠了。

☆把被牽動的情緒視為信號，因為你的傷口需要關注

情緒之所以會被牽動，並不是隨機的，這些情緒讓你知道自己最受傷或準備好要成長的地方。

如果能將這些被牽動的情緒視為信號，是在試圖幫助我們將注意力放在生活中需要療癒、健康和進步的某些方面，我們就可以開始將它們視為有益而非有害的。

你不能忽視自己的問題。不能無視你的傷口。這些問題需要你解開、處理、從中學習，並據此調整行為。這不僅會讓你的心志更堅強，也會讓你的整體生活品質更高。

☆尊重你的不適，因為它想告訴你一些事情

生命送給你的最好禮物，就是不適。

不適並不是要懲罰你！它只是想告訴你在哪些方面有能力做得更多、值得更好、能夠改變，或者注定要比現在擁有的更棒。幾乎在所有情況下，它都只是在告訴你，還有更多美好的事物等著你，並促使你去追求那些事物。

心理韌性要求你聆聽、學習，並開始改變自己的方向，而不是試圖平息這種不適。

如果你能夠將自己的生活視為一種回饋機制，它不單反映了你是誰，其最終目標更是幫助你能活得更好、更充實，那麼你就會突然意識到，阻礙你前進的從來都不是世界，而是自己的

思維。

如何真正地享受生活

如果你去問的話，許多人毫無疑問都會同意，他們認為生命的目的就是享受生活。然而許多人都在忙著逃離當下，也不去實際體驗自己的生活。罪魁禍首有很多，從不切實際的期望到過於努力讓自己感覺良好等等，不一而足（畢竟，這是必須得到你的允許才會發生的事情）。

陷入困境時，別人能告訴你的、最具侮辱性也最困難的事情，就是「放鬆一下嘛」或是「去享受嘛」。處於生存模式時，你最不可能想到的就是袖手旁觀跟隨波逐流。這是學習如何再次享受生活的最重要部分：處在創傷和痛苦中時，不能試著強迫自己快樂起來。首先，你必須要回到中立狀態。

當你陷入困境，並試圖讓自己感覺好一些時，實際上是在加劇自己的感受，使之更趨向極端。你正在把「不好」的感覺往下壓，而不是試著感受不同的東西。諷刺的是，許多在情感中苦苦掙扎的人，在內心深處其實只是更渴望去享受生活。

☆不要再試著讓自己快樂

快樂不是你可以追逐的東西。快樂是必須允許自己擁有的事情。這可能讓很多人感到驚訝，因為這個世界對於有關快樂的一切都是如此執著，從正向心理學，到用戶在Pinterest上分享的各種釘滿勵志小語的軟木留言板。但是，快樂不是你可以透過訓練自己獲得的。

快樂是你的自然狀態。這意味著如果允許自己想要體驗的其他感覺在出現之後被感受、被處理，而不是被抗拒，那麼你就會自己回到快樂的狀態。你對不快樂的抗拒越少，就會越快樂。我們往往只是過於努力地想要獲得某種感覺，從而導致了失敗。

☆回到當下

有句話說，如果感到焦慮，那是因為你活在未來；如果沮喪，那是因為你活在過去。如果活在當下，就會意識到過去和未來都只是無限永恆的「現在」中的幻象，你實際上是在利用過去跟未來逃離自己的身體。

找到快樂的唯一地方就是當下，因為那是快樂真正存在的唯一地方。試圖透過關注未來也許可能發生的事情來尋找快樂，實際上是脫離現實的過程。若是想練習讓意識回到今天，可以透過把注意力放在過好每一天的生活，以及充分享受當前所擁有的事物。

在活在當下與照料未來的自己之間，有一個微妙的平衡。

☆不要再試圖堅守主導地位

麥克・威肯（Meik Wiking）在他的書《The Little Book of Hygge: Danish Secrets to Happy Living》（沒有中文版）一書中解釋說，與他人建立連結，不僅僅是花時間跟他們在一起；它還與不試圖支配、不試圖給對方留下深刻印象，或使他人產生情緒反應有關。不試圖證明自己的價值，就會得到更多的快樂。

那些想要並且需要在感情關係裡堅守自己主導地位的人，總是為假設的事情爭論不休、在重要的節日或活動裡製造戲劇性事件，或者發現自己最應該愛和珍惜的人，卻受到了自己的行為所造成的最大傷害。

為了找到更多的快樂，你需要將自己視為與周圍的人平等。如果認為自己可以不斷向所有認識的人學習，那麼你就不會再因為擔心自己「不如」他們而需要在心理上獲得彌補了。

☆發現小小的快樂時，要抓住它們

在想到要嘗試「享受」生活時，思維通常會跳到努力去抵達巨大的、壓倒性的高點。我們認為只有在度假或剛剛拿到巨額獎金時，才會感到快樂。

然而這實際上是快樂的反面，因為它是有條件的。真正的快樂是擁抱生活中的小小快樂：溫暖夏日清晨的日出、一杯咖啡或一本好書。不僅要對發生的大事心存感激，也要對每天都能找到的小滿足心存感激。

大多數人對快樂想得太多。他們認為自己的生活必須完美無缺，才能體驗到真正的快樂。事實並非如此。真正的快樂，是在自己的生活與現況中找到的。

☆如果已經擁有美好的人際關係，那就繼續培養吧

無論你是內向還是外向，人際關係的品質決定了人生經驗的品質。大量的研究支持了這一點：我們會變得最像與我們朝夕相處的人，幸福感不是與我們擁有的人際關係數量直接相關，而是與每個人際關係的品質直接相關；孤獨對健康的危害不亞於吸菸。

然而，大多數人對上面這句話的理解是，他們應該要四處結交朋友，並與自己有血緣的家人保持親近的關係，就算不喜歡他們也一樣。這麼做完全就是搞錯了重點。快樂與否跟強迫自己維持的人際關係毫無關聯。而是取決於是否跟自己真正喜歡的人以及為你的生活增添價值的人，建立並培養關係。

如果遇到一個跟自己真的很合拍的朋友，要不遺餘力地確保自己能不時去拜訪對方，讓你們的友誼保持健康。

☆經常學習新知

如果對待生活的態度就好像已經知道了所有的一切，你實際上是在故步自封，讓自己無法

獲得更新和更好的體驗。如果認為自己知道嘗試新事物時會發生什麼，或者認為自己知道那些沒去過的地方會是什麼樣子……你可能只是想給自己保留一點驚喜的空間。

把生活當作你可以不斷學習的東西。痛苦會告訴你什麼東西讓你感覺不好，什麼事情不應該繼續做。快樂教會你什麼事物符合你的喜好。一切都可以成為你的老師，越是允許自己的生活經歷改變你，你就會變得越好，而你的體驗也將變得更棒。

☆將挑戰視為轉變的機會

快樂的人並不總是快樂，這是一個重要的區別。事實上，真正快樂的人對他們所經歷的一切感到更加平靜，而不是欣喜若狂。

這是因為快樂的人本質上就是可以學習和改變的。他們不會故步自封。他們明白生命需要成長，而當成長停滯不前時，不適就會開始出現。

生命的本質就是不斷地變動和不斷地進化。如果你不跟上這種節奏，生活就會迫使你做出改變，因為你會越來越不喜歡待在原地。你無法避免所有的痛苦，但絕對可以透過專注於自己的內在成長來避免許多痛苦。

☆留意自己把精力投入哪些地方

當然，大多數人都意識到如果他們從事自己不喜歡的工作，或者大半輩子都維持在自己鄙視的關係中，那麼不會對此有什麼很好的感覺。然而許多人沒有意識到，還有一些更重要的事情，我們不斷對它們投注自己的精力，進而創造出了生活品質。有句話說，獲勝的狼是你餵養的狼*，當談到你的生活品質時，需要非常小心你允許自己思考的事情。它很快就會變成你的感受，然後是你的信念，然後是你的行為方式，最後想當然耳，變成你的生活方式。

☆安排無所事事的時光

快樂既是一種主動的追求，也是一種被動的追求。雖然每天感到充實絕對是一個有意識的選擇（喔對了，這件事情可不會是偶然發生的），但諷刺的是，若是真的想要體驗美好的感受，這件事情卻是強迫不來的，而是必須允許自己去擁有的。

快樂就是拒絕把行程表安排得滿滿的，這樣就可以從生命的每一秒中盡量榨取更多的東西。擁抱平凡無奇的日常時刻也需要時間。那就是坐下來讀一本書、和你愛的人一起吃晚餐聊天，或只是享受每天的小事。這種時間不會自己冒出來，你得要好好計畫一番。

＊美國原住民切羅基人（Cherokee）的故事。一個老人用住在心裡的兩匹狼，來跟孫子解釋人類的內在衝突。故事的最後，孫子問哪匹狼贏了，老人回答：「你餵養的那一匹。」以此要孫子警惕自己的思維、想法等。

☆安排玩耍時光

還是孩子的時候，我們所能做的事情就是想像和玩耍。生活就是我們的畫布，我們天生就明白自己可以完全相信任何事情，並且花上一天的時間樂在其中。

成年後也是如此，但在幾十年的時間裡，這個世界往往讓你失去想像的魔力。如果真的想要享受生活，就必須抽出時間去做自己年輕時喜歡的事情。畫畫、玩沙、玩自己喜歡的遊戲，無所顧忌地發揮和創造。

如果這一切聽起來很幼稚，那就太好了。這表示你已經準備好與內在小孩和解，而他一直都在那裡。享受生活，就是以最簡單、最具變化的方式生活。其中的一部分，就是讓自己做自己，讓自己成為你自己。

〚成為自己的主人〛

走到生命的盡頭時，你將開始看到人生中那些山的真面目。一個個都是**禮物**。回顧自己的人生時，你不會記得那些艱辛困難。那時，你會將它們視為樞紐、成長機會，一切改變發生之前的覺醒之日。

要成為自己的掌控者，首先要對自己的人生負起徹底和完全的責任。這甚至包括那些沒有辦法控制的事情。真正的大師知道，決定結果的不是發生了什麼事情，而是一個人如何反應。

不是每個人都能做到這一點。多數人幾乎沒有意識到生活中大部分的波浪都是自己製造的，而學會駕馭這些波浪也是自己的工作。多數人終日迷失在自己的思想和情感的迷霧中，幾乎沒有能力理清它們。

自我掌控就是要認識到，我們完全具備戰勝面前高山所需的特質。事實上，戰勝高山正是人生的終極使命。我們不僅有能力，而且是命中注定的。

自我掌控就是最終明白，你所忍受的那些年的不適，並不是必須要度過的某種煉獄。它們是內心深處的自我在告訴你，你有能力做得更好，值得做得更好，並注定要蛻變成夢想中的那個人。

你必須擁有它。必須創造它。你自己的療癒過程將對人類集體產生無形的漣漪反應。如果我們想改變世界，就必須改變自己。如果想改變生活，我們就得改變自己。如果想攀登眼前最偉大的高山，我們就需要改變到達路徑的方式。

當你達到這一切的頂峰時——無論那對你來說是什麼——都會回首過往，知道每一步都是值得的。最重要的是，你會無比感激那些引導你開始人生旅程的痛苦，因為實際上，痛苦並沒有試圖要傷害你，而是要告訴你有些事情是錯的。那就是你的潛力仍未被開發的風險、你的一生都與錯誤的人在一起，做著錯誤的事，並且想知道為什麼總是感覺不太對勁。

你的人生才剛剛開始。

總有一天，曾經在你面前的那座山會被你遠遠拋在後面，遠到幾乎看不見。但是，在學習攀登的過程中，你成為了什麼樣的人呢？這件事情將永遠陪伴著你。

這就是山的意義。

真實的聲音——FB與IG台灣讀者串流推薦（按來稿順序）

☆看見煥然一新的我

我們都擁有改變的力量，若願意接受改變、停止自我破壞，這本書是引導你梳理人生現況最好的夥伴。

「你因為自我破壞行為而產生的焦慮，通常反映出的是你受到限制的信念。」

書中內容引起我很深的共鳴，面對眼前那座山，並意識到真正困住自己的問題源自於什麼，探討那些自我破壞與堅定信念的過程會是認同、難受，卻又明白「自己」才是最大的阻礙。

透過自我內省，找出克服自我破壞的方法，讓生活逐漸變成更好的樣貌。

很期待閱讀整本書，並在翻越意味著「現實」那座山後，看見煥然一新的自己。

雲林／自由工作者玖遠

☆允許這個傷存在

這是一本帶著我們看見後接納，然後走進深刻療癒的好書，不單單只是心靈雞湯，也是陪著我們一步步的走向智慧的蛻變！困境的出現不是讓我們停留，或是待在原地自怨自艾，而是讓我們辨識出「真正要的是什麼」，看著痛苦的同時也找到嚮往的路。走出舒適圈需要一些動力，也需要去聆聽自己內在最真實的聲音，而不是身邊的人、這個社會給我們的框架，或是原生家庭的慣性模式。再從這個困境中看見自己的傷口，允許這個傷存在，帶著未來有智慧的自己去陪伴這個傷，從療癒到蛻變，走入屬於自己的生命之路。

台北市／催眠師 Winnie Yu

☆想辦法停止自我破壞

還以為做任何事遇到困難，你會想自己無法達到，原來這件事在於自己對事物的看法。

本書的作者文筆流暢同時運用多種工具，讓讀者看過都會恍然大悟，原來那座阻擋自己的山，不是別人正是自己。

這本書教導我們了解每個人都會自動想要依賴自我破壞，然而真正該做的不是自我破壞，而是要想個辦法停止自我破壞，達到更好的自己。

布莉安娜的書，如果你是想探索自己人生的朋友，那麼這本書中提到的方式，一定對自己起初的想法會有大大改變。曾經我以為一切困難在於其他事物，如今我明白要越過自己的坑，才能看到人生的巔峰。

願每個看過這本書的朋友，都能突破自我。

新北／服務業小P

☆一生無法離開的人是自己

一開始很難靜下心來，隨著文字的舞動，慢慢了解了一個樣貌，也是這次文章的主軸「你相信生活是什麼樣貌，就會把生活變成那個樣貌。」讀完這些內容後，我覺得所有受過傷的人都需要有這樣一本書來療癒自己！很多時候我們對自我的否定、對過去的否定，都是源自於他人經驗。從來都不曾想過自己面對事情發生時，「為什麼」會有這樣的想法？「為什麼」會有這樣的感覺？這本書提到現在我們有能力回到過去，告訴過去的自己該如何應對，這何嘗不是一種自我療癒！因為想要改變，所以有所行動，如果是源自過去，那麼我們就去解決！可是在這之前，我們得先想要改變，在想要改變之前，需要先接受自己的現況。

裡面的很多句話我都很喜歡，也有種被深深打中的感覺，但最讓我印象深刻的一句話

「雖然可以離開一個地方、一個人或一種情況……但無法離開你自己。」我們的一生都沒辦法離開自己，所以從現在開始，別忘了好好地愛自己。

高雄市／醫事檢驗師 Ting

☆每個人都能克服內心的困境

作者以火山爆發來形容人生中的重大挑戰，這一比喻讓人耳目一新。她強調這些看似毀滅性的事件，其實是重生和成長的契機。這一觀點讓我重新審視自己過去的困難，理解到這些逆境背後蘊藏的成長力量。

在本書中，作者也深入探討了「自我破壞」的根源，指出這些行為源自內心深處未解的矛盾和恐懼。她提供了一些實用的建議，幫助讀者覺察並改變負面的思維模式，實現真正的自我掌控。這些建議包括自我覺察、正面思維和持續學習，也讓讀者們在日常生活中獲益匪淺。

魏斯特的個人成長故事充滿啟發，展示了如何透過內心的轉變實現自我突破。她的真誠分享讓讀者們感受到，每個人都能克服內心的困境，找到屬於自己的光明未來。

屏東縣／資訊人員呂怡嫻

☆不要放棄愛自己

在這日漸繁忙的生活裡，處理外在的事務似乎成了首要之重。

作者：「千萬不要告訴自己要放手。」

還記得悲傷的當下不停地深呼吸吐氣，記得爭吵到臉紅耳赤卻不想罷休，記得每一個想要忘記的瞬間。

想要放手，卻依然緊緊抓著。想要過去，卻一直困在原地。

然而我們可以做出不一樣的選擇。鼓勵自

己，好事即將來臨；繼續前進，每一步都是新的開始；時間流逝，碎片終將使我們長大。

不要放棄去愛自己，這是我覺得作者想要傳達給我的話。雖然這世界沒有那麼友善，也總是有很多複雜的人際關係，會有想要墜落谷底的時候，但是一切都會好起來的。

面對自己的真正欲望與原因，直視內心的自我，重回到不堪回首的記憶，拍拍自己，抱抱自己，「生活終將變得美好」。

從這本書中，可以找到自己現在遇到的問題，從中發現、理解、思考、因應，最後靠自己去尋找答案。

台中／運動防護員張雅筑

☆終於找到自己的問題所在

我擁有努力追求完美卻又時常三分鐘熱度的性格，想要堅持一件事不容易，但在短期內看不到成果就又容易自我懷疑。

看到本書中的兩大主題我非常開心，因為總算找到我自身的問題所在了！

其一是「抗拒心態」。在工作上我往往都會竭盡所能地尋找或學習能夠解決現況的方法，但偏偏在努力計畫後，要實行時又會出現似乎能預測不好未來的那個自己的聲音讓我卻步。因為不知道這個決定是否會成功？也不知道提出這個計畫後能否保證業績一定會更好？於是這個計畫又繼續擺著不敢提出，但我卻始終忘不掉那個自己辛苦擬定卻躺在抽屜中的企劃。

恐懼和未知往往都是阻礙我們變得更好的心魔。書中提到：抗拒心態跟拖延冷漠並不相同，因此不應一概而論。這讓我放心不少，我常常會懷疑自己是不是鴕鳥心態、習慣性拖延，原來並不是這樣！

其二是「重啟爐灶心態」。處於重起爐灶心態時，你不會允許自己綻放，只是安逸地享受發芽的過程。書中提到：出現重起爐灶心態，是因為在看到自己想要的東西時，我們的步伐走得太快，結果卻發現自己沒有考慮清楚，而且也不是真的那麼想要那個東西。

因為堅持不夠跟太過害怕失敗的性格，才讓我在看到此篇章時覺得心有靈犀，在面臨過往的一些事情，我們通常有想要逃離的時刻，「重新開始」也許是一個正向的名詞，但若是永遠都一直在開始而沒有結束，那會是很可怕的事情，好好找出自己的不適感，我們都能從重啟爐灶心態中痊癒的！

新北五股／圖文企劃 Nicole

☆辨識困住自己的那座山

一邊讀著字句，我一邊深吸了好幾口氣。不是書裡出現什麼驚悚劇情，是我在極力保持自己的平靜。因為我在閱讀中看見了自己的那座山。

作者在書中指出，人們經常以「自我破壞」來逃避面對問題。「你擁有兩種互相衝突的欲望。一種是有意識的，一種是無意識的。你明知道自己多麼渴望推動生活往更好的方向邁進，卻依然出於某種原因裹足不前。」此外，書中提到的「重起爐灶心態」也令人深思。這種心態讓你不斷尋找新的開始，卻始終無法面對根本問題，最終陷入更深的困境。

那麼該如何擺脫這些困境？作者建議，首先要承擔起全部責任，誠實面對自己的生活與自我，接納過去並改變對過去的看法。正如作者所寫：「你開始放手。這一刻你會意識到，站在過往的廢墟之中，永遠無法找到平靜。只有開始建立新的事物，你才能繼續走上人生的道路。」這段話給我深刻的感受，有種置之死地而後生的力量。

作者善於舉例，文字細膩流暢，許多段落讀來令人感同身受，彷彿自己的內心世界被窺視。推薦這本書，希望大家都能辨識出困住自己的那座山，學會如何面對並獲得自由。

台中／客戶經營專員 Evelyn

☆與自己的「山」和解

當「我再也不想要經歷這樣的感受了！」的念頭不斷出現在我腦中，找了算命卜卦嘗試各種身心靈相關課程後仍不得其解。

感謝有幸跟著作者的文字重新走了一遍這二十年的黑歷史，書裡的每個舉例、每個解決方法，都讓我走在自我覺察的路上跟過去的自己和解。

「不要擔心自己做得好不好，去做就對了！」對於要求完美的我來說，這是需要刻意練習的。

「專注於進步而不是完美」更是當頭棒喝，開始了第一步才有進步的空間啊。

感恩宇宙的恩賜讓我有幸得到作者文字上的提點，弄清楚發生了什麼事，然後接納自己的感受，最後決定修正的方向，對於過去也不需要告訴自己要放手，感謝曾經失去的一切，曾經錯的都沒有錯，都成了我成長蛻變路上的養分！一切都會好起來的！

登山高手指日可待啊！

桃園／業務嘉軒

☆適度放手，全新開始練習

書中開場白第一句話「在我們的一生當中，會對你造成最大阻礙的不是別人，而是你自己。」每次遇到新的事物，或是轉換不同情境身分，心裡都會有潛在性壓力，有時候會讓自己情緒低落或是感到疲憊而沒有動力繼續，過去往往覺得是因為事情本身的難度讓自己難受，但透過此書的介紹，發現都是自己情緒造成的問題。

抗拒心態出現，是要自己放慢腳步，並確保自己可以安全地投入一個重要而嶄新的事物，當然抗拒心態也可能是一個警告信號，表示事情不太對勁，你可能需要退後一步，重整旗鼓。以前總認為自己不喜歡做的事情就代表難度很高，或是自己沒有興趣，經過作者的提醒，我才知道很可能是驅策自己的動力，重新投入行動。

如果要讓自己感受到一定程度的幸福「上限值」，就應該調整和適應巨大變化，不要驚慌失措，才能感受到新的標準帶來的情緒基準線。自己到了中年，適應力不比年輕時來得快，適度放手生命中不需要的事物或是情感，真的也是一個全新的開始，也期待重新整理過後，讓未來的生活更簡單，期許自己不再困在自己的那座大山內。

新北／學校護理師雙胞胎媽媽

☆指引人生出口的方向

原來，自我破壞是在想望與抵達之間築起的牆。這本書就像在迷失的山林裡握有讓人安心的指南針。雖然不是地圖，沒有清楚指示你下一步該落在何處，但你知道出口的方向，能依照自己的安排去抵達。

自我破壞雖然慘不忍睹，但誠如作者所述，那也同時是重塑自我的機會。當破壞發生，意識到內在的衝突，才能化解衝突的根源，更穩固地重建，像是把原先地基不穩的建築重新改造，換上新的建材和安全的設計，才能確保住在裡頭的人的安全。作者寫道：「你相信生活是什麼樣貌，就會把生活變成那個樣貌」，因為一切都是由自身出發，唯有自我能破壞自我，也只有自我能重建自我。

台南／行政 Pon

☆不要讓自己崩塌

想要放手執著很久的東西或想法，實際上比想像的還要困難，已經緊抓在手上那麼久了，又怎麼可能輕易放開。

就像試讀中提及，失去最親近的人，世界只會讓你哀悼幾天，時間一到你就需要恢復成原來的自己。讀到這邊不禁想起自己的父親，他離開我去當天使的日子已經有十年了，我從天天以淚洗面，到現在思念時還會落淚，父親的離世讓我耗掉了很多的悲傷，即使我現在看起來沒事，但內心仍然對那天歷歷在目。

我對他的離世放手了嗎？可以肯定地說：沒有，但我的內心有因此崩壞嗎？也沒有，我一樣正常過我的生活，我明白這件事會跟著我很久不會消失，這就是困住我自己的那座山，過不了也沒關係，不要讓自己崩塌就好。

台中／自由工作者 RuRuSu

☆不是「攻頂」而是「登頂」

感謝大田出版，給予試讀機會。《你就是困住自己的那座山》不禁讓我想起孫悟空，被壓於五指山下的感受，動彈不得在那裡修身，任憑他多想擺脫，也只能俯首稱臣，因他還沒突破自己的心防。我們的內心是否也是如此呢？困住我們的不是緊箍咒，其實也沒那座五指山，而是我們內在的那一份執念，用著自己的方式不停催眠自己，一直自我破壞不去面對真實的自我。

如果想擺脫一直循環的過往，就要朝著目標前進，當我們可以翻越心裡的那一座山，就能看到更遼闊的視野。每一種爆發都是為了成就另一個開始，山擋在眼前我們就努力地翻越，到頭來我們不是「攻頂」而是「登頂」。山友們總將這兩句分得很清楚，「攻」是一種征服，「登」是一種目標的達成。只有站在三角點的你，才能懂得那份美好與感動，回首看，你會發現自己早已克服內心的懼怕，走過那漫長遙遠的山路。

願意面對現實，不會再因為恐懼，勇敢打破自己心裡的美好。再多的勵志，再多的言論，如果自己無法去除執著，也只是空談罷了。所謂師父領進門修行在個人，不是相同道理嗎？

台南／會計黃藍芬

☆期許自己發揮終極潛力

心中的高山是自身經年累月積累的微小創傷，對環境的適應不良和心理因應機制。

心中的高山不該是自己人生的阻礙，而是應該學會敏捷、有彈性和深度地理解自己。

以從未嘗試過的方式思考，有時逆向思考某些行為發生的背後動機與真相。當自己能夠意識到真正的問題，就可以開始想出辦法努力解決它。

建立自我概念，是值得花費漫長的時間建構與探索而得的想法。

期許自己發揮自己的終極潛力，能夠成為擁有遠大志向的好人；期許自己無所畏懼地追求為自己和他人創造出更多的時間、機會和健康。

新北／Claire Chien

—近期推出・請筆記提醒—

布莉安娜・魏斯特作品

譯者◎朱浩一

獻給面對人生分岔路的你……

道路只有一條：

那條路能引領你前往自己的真實。

© Janelle Putrich

布莉安娜・魏斯特

她的作品往往成為讀者在跌跌撞撞的人生路上一股支撐的力量。陷入迷茫而焦慮的你，讀了之後會對自己的方向，慢慢找出一些頭緒。作者說，療癒不會只有一次。成長改變是一段旅程，在探索與建立自信的過程中，希望布莉安娜的作品陪伴你找到自己的選擇與決定。

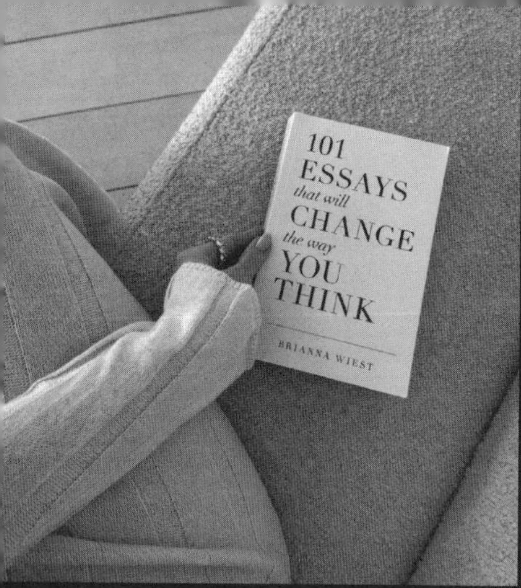

（書封取自作者網站）

《改變你想法的 101 篇文章》

布莉安娜・魏斯特寫的是一本全方位的人生指南，而不是空喊加油的心靈雞湯。本書讓你重新再一次審視自己的生命核心：

★ 你必須二十歲後就該放棄的期望是什麼？
★ 你知道有 8 種認知錯誤影響你體驗你的人生嗎？
★ 關於情緒我們總會誤解的 10 件事是什麼？
★ 如果你厭倦了為某個人的愛而奮鬥，你該問自己什麼？
★ 如何知道唯一阻礙你幸福的是你自己？

在 101 篇中，每一篇都直指我們日常的習慣、我們的慣性思維、我們總以為的答案，作者關注生活中的各種經歷，也關注這些經歷如何讓我們陷入困境，又如何可以激發我們的潛能。作者揭開我們所逃避的問題，讓我們透過 101 篇破格的提示與提問，了解自己真正的內在需求，讓我們對自己的人生路徑做出正確的取捨決定。

「與其致力達成目標，不如盡力享受實現目標的過程。」__Kindle14,892 劃線
「你的習慣創造你的情緒。」__Kindle11,587 劃線
「你必須學會讓你的理智來決定，而不是衝動或恐懼來支配你的一天。」__Kindle9,034 劃線

《療癒，就從這一刻開始》

（書名暫定）

療癒可以從一次開始——通常是某種突然的失去，這種失去干擾了我們對未來的預測。然而，真正的療癒工作，是讓這種干擾，將我們從深層的無意識狀態中喚醒，讓我們能從自己習以為常的外顯性格中解放出來，並且開始有意識地拼湊出我們真實、完整、註定成為的自我。

布莉安娜・魏斯特繼全球暢銷書《改變你想法的 101 篇文章》之後，出版《療癒，就從這一刻開始》。這本作品將幫助你找到內心的聖殿，踏上真正的蛻變之路。對任何一個走在自我成長道路之上的人來說，魏斯特的文字是滋潤人心的豐富泉水。

Creative 194

你就是困住自己的那座山

終結自我破壞　實現自我掌控

填回函雙重禮
①立即送購書優惠券
②抽獎小禮物

作　　者｜布莉安娜・魏斯特
譯　　者｜朱浩一
出 版 者｜大田出版有限公司
台北市一〇四四五中山北路二段二十六巷二號二樓
E-mail｜titan@morningstar.com.tw http://www.titan3.com.tw
編輯部專線｜（02）2562-1383 傳真：（02）2581-8761

總 編 輯｜莊培園
副總編輯｜蔡鳳儀
行銷編輯｜李星瑤
行政編輯｜鄭鈺澐
校　　對｜朱浩一／黃薇霓
內頁美術｜陳柔含

初　　刷｜二〇二四年七月一日　定價：三九九元
三　　刷｜二〇二四年八月十五日

網路書店｜http://www.morningstar.com.tw（晨星網路書店）
TEL：（04）23595819 FAX：（04）23595493
購書Email｜service@morningstar.com.tw
郵政劃撥｜15060393（知己圖書股份有限公司）
印　　刷｜上好印刷股份有限公司
國際書碼｜978-986-179-890-5　CIP：177.2/113006178

國家圖書館出版品預行編目資料

你就是困住自己的那座山／布莉安娜・魏斯特著；朱浩一譯．——初版——台北市：大田，2024.7
面；公分．—（Creative；194）
ISBN 978-986-179-890-5（平裝）
177.2　　113006178